WEISHEIT · STÄRKE · SCHÖNHEIT

WEISHEIT · STÄRKE · SCHÖNHEIT

DEUTSCHSPRACHIGE DICHTER UND DENKER
DES 20. JAHRHUNDERTS ZUR FREIMAUREREI

Herausgegeben von
Rolf Appel und Jens Oberheide

Akademische
Druck- u. Verlagsanstalt
Graz/Austria

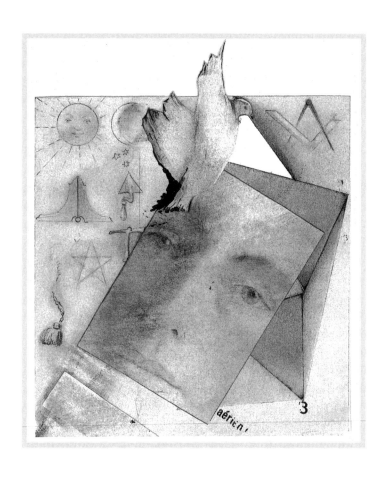

VORWORT DER HERAUSGEBER

WÄHREND IN DEM VORANGEGANGENEN und von dem Verlag so eindrucksvoll gestalteten Band „Freiheit – Gleichheit – Brüderlichkeit" deutschsprachige Dichter und Denker des 18. und 19. Jahrhunderts sich zur Freimaurerei äußerten, bringt dieser Band die Aussagen von Persönlichkeiten des Geisteslebens aus dem 20. Jahrhundert, einem Zeitabschnitt vieler Irrungen und Wirrungen, und in dem die Freimaurerei in weiten Teilen Europas verboten war.

Wenn wir eine Definition des Wesens der Freimaurerei wagen wollen, dann ist sie zielbestimmt, ihre Männer zu verantwortungsbewußten Persönlichkeiten heranzubilden, die ihr Leben als Dienst an der menschlichen Gesellschaft auffassen. Es hat im 20. Jahrhundert viele Verunglimpfungen und Verleumdungen der Freimaurer gegeben, aber dennoch haben die Geister deutscher Sprache nie aufgehört, die hehren Gedanken der Humanität nicht nur zu denken, sondern sie auch bekenntnishaft auszusprechen und Menschenwürde und Freiheit als unabdingbare Voraussetzung menschlichen Lebens zu betonen.

Während der vorangegangene Band unter den freimaurerischen Zielvorstellungen der Aufklärung – Freiheit Gleichheit Brüderlichkeit – stand, ist der vorliegende betitelt nach den drei geistigen Säulen, auf denen jede Loge ruht, und die bei jeder rituellen Logenarbeit beschworen werden: „Weisheit Stärke Schönheit".

In diesem Sinn kann die vorliegende Sammlung, in der auch Aussprüche von Nichtfreimaurern enthalten sind, nicht nur Aussage über die Freimaurerei geben, sondern auch als Wegweisung zur Selbstfindung dienen.

Natürlich konnte es den Herausgebern nicht gelingen, alle Aussagen zur Freimaurerei aufzuspüren; es gibt sicher sehr viel mehr als die hier vorgelegten, aber die Zusammenstellung bietet nichtsdestoweniger eine eindrucksvolle Dokumentation dessen, was Freimaurerei in der heutigen Zeit ausmacht.

Rolf Appel
Jens Oberheide

„DIE IDEE DER GEISTESFREIHEIT – grundlegend für jeden Freimaurer – bedeutet für mich nicht allein die Freiheit des Fühlens und Wollens, sondern in besonderem Maße Freiheit der Phantasie. Als kreativ Schaffender, der arbeitend die schöpferische Freiheit der Kunst erlebt, spüre ich Hoffnung, bin ich Optimist.

Optimistische Fröhlichkeit allerdings wirkt auf manche Menschen befremdlich. Nicht selten spüre ich, daß vielen die Freude und Unbeschwertheit meiner Werke verdächtig sind. Manche machen mir meine Zuversicht zum Vorwurf und fragen anklagend, woher ich den Mut nehme, in der heutigen Zeit solche Bilder zu malen. Hinter dieser Frage steht der böse Vorwurf der Oberflächlichkeit.

Ich bin der Überzeugung, daß wir ohne Optimismus der Freimaurerei die Voraussetzung entziehen. Hoffnung und Optimismus waren und sind Ausdruck freimaurerischer Lebensart.

Ich möchte meine Kunst als Ausdruck meiner Liebe zum Leben, zur Kreatur und insbesondere zum Mitmenschen verstanden wissen. Ich fühle mich dem Ideal der Brüderlichkeit in besonderer Weise verpflichtet, und in meinen Werken findet diese Verbundenheit mit dem Mitmenschen ihren Niederschlag."

OTMAR ALT (geb. 1940 in Wernigerode) ist Mitglied der Loge „Zum hellen Licht" in Hamm. Über ihn sagte Prof. Dr. Volker Kapp „Otmar Alt ist in die erste Reihe der bildenden Künstler unserer Zeit einzuordnen." Otmar Alt erhielt 1991 den Kulturpreis Deutscher Freimaurer.

„DIE ÜBEREINSTIMMUNG DER FREIMAUREREI, wie sie in England im ersten Viertel des 18. Jahrhunderts ans Licht trat, mit der Idee der Humanität im Zeitalter Kants und Goethes, beruht im Kern auf zweierlei: „auf Religion, in der alle Menschen übereinstimmen", die in den Alten Pflichten der Freimaurerei von 1723 im Mittelpunkt steht, und auf der festen Einfügung des Einzelmenschen in die menschliche Gemeinschaft in der grundlegenden, nie angetasteten freimaurerischen Symbolik der Baukunst. Der Bau, an dem gewirkt wird, ist die Menschheit …

Die Logen sollten vor der Aufnahme neuer Mitglieder zunächst die vielumspannende Idee der Humanität darstellen und dadurch die Auslese in dieser Richtung beeinflussen, denn die Logen müssen geistige Werkstätten sein, in der tapfere Träger der Humanität für das öffentliche Leben ausgebildet werden, die auch zum Kampf bereit sind, wenn die Humanität bedroht wird.

Selbstverständlich ruht alle freimaurerische Arbeit auf der Grundlage persönlicher Freiheit. Es gibt in ihr keinen Befehl und keinen Ordensgehorsam. Die Freimaurerei hält durch die beständige rituelle Arbeit zur Selbsterziehung im Geist der Humanität an, damit jedes Mitglied seine materiellen Möglichkeiten mit Maßen nutzt, nirgendwo ausnutzt, und bereit ist, für die Gemeinschaft Verantwortung zu übernehmen."

WALTER A. BERENDSOHN in „Die Idee der Humanität in Vergangenheit und Gegenwart", Hamburg 1961.
Walter A. Berendsohn, 1920 in die Hamburger Loge „Menschentum" aufgenommen, war Dozent für Germanistik an der Universität Hamburg. Er wurde Anfang 1933 ausgebürgert und lebte bis nach 1945 im Exil. Der 1884 Geborene veröffentlichte zahlreiche Bücher, während seines Exils besonders die „Flüchtlingsliteratur aus dem Dritten Reich". 1974 erhielt er den Ehrendoktor der Universität Stockholm und mit 99 Jahren noch die gleiche Würde von der Universität Hamburg.

Böhm

„TIEF IN UNS war die Frage geblieben, ob wir als Freimaurer, als Baumeister am Stein der Humanität, genügend für die kleinen und großen Brüder und Schwestern auf der ganzen Welt und in unserem kleinen Kreis da sind, wie wir es am Tage unserer Aufnahme gelobt hatten."

KARLHEINZ BÖHM, geb. 16. 3. 1928, Schauspieler, Initiator der Initiative „Menschen für Menschen" nach dem Besuch bei „Sorgenkindern" (in der Zeitschrift „Humanität" 2/75).

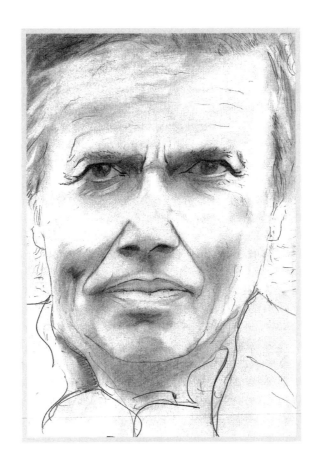

14

„WIR MÜSSEN in jeder Loge dem Frieden dienen durch Arbeit an uns selbst. Wir dürfen nichts unversucht lassen, uns über die großen Zusammenhänge zu informieren und die Notwendikeit der Umkehr vom egoistischen zum altruistischen Denken, zu verantwortungsbewußtem Handeln im Tiefsten unseres Herzens zu erkennen. Dazu kommt der ebenso wichtige Teil unseres Auftrages als Freimaurer: Wir müssen außerhalb unserer Logen aufklärend wirken durch unser persönliches Verhalten."

JOSEF BÖNI (1895–1974), Theologe, Konvertit, ehem. Großmeister der Schweizerischen Großloge ALPINA.

15

„DIE KÖNIGLICHE KUNST betont in der Symbolik des Zirkelschlages die Bedeutung des Verhältnisses eines Freimaurers zu seiner Umwelt. Es beruht auf Verständnis und Toleranz gegenüber seinem Nächsten; dessen Würde ist ebenso unverletzlich wie seine Rechte als Mensch. Wer Menschenwürde und Menschenrechte nicht respektiert und verteidigt, der ist kein Freimaurer."

WILLIAM BORM (1895–1987), Alterspräsident des Deutschen Bundestages, Ehrenpräsident von amnesty international, Freimaurer seit 1946.

EIN STERN erhellt die Dunkelheit,
Die unser Herz bedrückt,
Er bringt die Liebe unserer Welt,
Dem Irdischen entrückt.

In dürren Ästen harft der Wind
Die Botschaft in die Nacht,
Daß alle Menschen Brüder sind
Und einer für uns wacht.

Du Nacht im Glanz des hellen Sternes,
Deck uns mit deiner Liebe zu!
Du Nacht im Glanz des großen Lichtes,
Schenk uns den Frieden und die Ruh!

Dass Liebe, Glaube, Treue, Hoffnung
Die Sehnsucht aller Menschen werde,
Das bitten wir mit heißem Herzen,
Und schenk den Frieden unserer Erde!

Du großer Schöpfer aller Welten,
Führ uns in eine neue Zeit.
Und gibt uns Kraft, daß wir vollenden
Den großen Bau der Menschlichkeit!

WOLFGANG W. BRÖLL, Pseudonym Peter Wolick (1914–1989), war Schriftsteller und der deutsche Buchautor der amerikanischen Fernsehserien „Bonanza", „Lassie" u. a. Er schrieb die erfolgreichen Jugendbuchreihen „Detektivclub Schwarze Hand", „Die Abenteuer der Sexta B." und andere. Bröll war Verfasser zahlreicher Hörspiele und Filme. Seit 1959 gehörte er dem Freimaurerbund an und war Mitglied der Loge „Zur Oberbergischen Treue" in Gummersbach.

DER SCHWEIZER Schriftsteller, Völkerrechtler, Hohe Kommissar des Völkerbundes in Danzig und spätere Präsident des Internationalen Roten Kreuzes, Prof. Dr. Carl Jacob Burckhardt, berichtet in seinem Buch „Meine Danziger Mission 1937– 1939" über einen Besuch bei Hitlers Polizeichef, SS-Obergruppenführer Reinhard Heydrich. Er wollte die Erlaubnis einholen zum Besuch von Konzentrationslagern.
An dem Essen nahm außer Prof. Burckhardt und Obergruppenführer Heydrich noch der Herzog von Coburg teil, der Präsident des Deutschen Roten Kreuzes war.

HEYDRICH: „In Ihrem kleinen Land (Danzig), da sind die Freimaurer Meister. Das muß anders werden, sonst sind auch Sie verloren."
BURCKHARDT: „Was für Wirkungen schreiben Sie dieser Gesellschaft zu?"
HEYDRICH: „Die Freimaurer sind das Instrument der jüdischen Rache, zuhinterst in ihren Tempeln steht ein Galgen vor einem schwarzen Vorhang, der das Allerheiligste verhüllt, nur den höchsten Eingeweihten ist es zugänglich, hinter dem Vorhang steht nur noch das eine Wort ‚Jahve'. Der eine Name, das sagt genug."

Heydrich teilte dann mit, daß der Reichsführer SS, Heinrich Himmler, die Erlaubnis zu einer Besuchsreise bestimmter Konzentrationslager erteilt habe. Dann forderte er seine Gäste auf, Heydrichs „Museum" zu besichtigen.

BURCKHARDT: „Ein Kriminalmuseum?"
HEYDRICH: „Ein Museum über die Freimaurer!"

In dem Saal waren Schaukästen, die Namenslisten von Freimaurern enthielten, nach Nationen getrennt.

HEYDRICH: „Das sind die Listen der Logenbrüder aller Länder. Vielleicht interessiert Sie die Schweiz."

Carl Jacob Burckhardt berichtet dann weiter:

„Er öffnete die Tür zu einem zweiten schwarz-drapierten Raum, in welchem vorerst völlige Dunkelheit herrschte. Er war fensterlos. Heydrich schaltete ein violettes Licht ein, langsam traten allerlei Kultgegenstände der Freimaurer aus dem Schatten hervor. Heydrich redete über die Weltverschwörung und daß an der Spitze der Hierarchie die Juden säßen, um alles Leben zu zerstören. Es folgten niedrige Räume, immer düsterer, die man nur gebückt durchschritt, mit Totengerippen, die, automatisch bewegt, einen mit ihren Knochenhänden an den Schultern faßten.

Bevor wir die aus allen Freimaurerlogen Deutschlands zusammengeplünderten Dekorationen verließen, öffnete der SS-Obergruppenführer noch einen schmalen Raum, der hell erleuchtet war, und von der Wand strömte mir aus drei gerahmten Manuskripten, wie ein Trost, Goethes vertraute Handschrift entgegen.

„Goethe als Lügner" stand über dem Rahmen, und ich las zuerst zwei kurze Briefe. Im ersten teilte Goethe seine Zugehörigkeit zu einer Rosenkreuzergesellschaft mit, im zweiten, bei Anlaß seines Aufnahmegesuches in die Weimarer Loge, versicherte er an eidesstatt, nie einer Geheimgesellschaft angehört zu haben."

CARL JACOB BURCKHARDT (1891–1974), wurde 1954 für seine zahlreichen Hilfsaktionen vor und während des Zweiten Weltkrieges mit dem „Friedenspreis des Deutschen Buchhandels" ausgezeichnet.

„DAS 17. UND 18. JAHRHUNDERT hatte einen ausgesprochenen Sinn für Symbolik und die figürliche Interpretation der Heiligen Schrift. Wie darf es uns da wundern, daß die spekulative Freimaurerei, die aus den mittelalterlichen Gilden hervorgegangen und im 17. und 18. Jahrhundert aufgeblüht ist, diese Symbolik übernommen hat! Die Freimaurerei ist der einzige Orden, der aus einem Handwerk entstanden ist.

Es versteht sich dann auch von selbst, daß sie ihre Symbolik dem Steinmetz- und Maurerhandwerk entlehnt, denen sie ihre Entstehung verdankt.

Aber hinter den Symbolen muß man die tiefen Werte entdecken, und darin besteht nun gerade die Freimaurer- und Logenarbeit. Durch die Initiationsrituale, durch das ständige Wiederholen der gleichen symbolischen Handlungen wird man unmerklich in eine andere Welt aufgenommen, eine höhere Welt, die Geist und Gemüt befriedigt.“

PROF. DR. MICHEL DIERICKX S. J., Historiker und Schriftsteller. Er verfaßte das in der Uitgeverij de Nederlandsche Boekhandel, Antwerpen, erschienene Buch „Freimaurerei – die große Unbekannte“, über das es in einer Besprechung hieß: „Es gibt in der katholischen Literatur kein vergleichbares Werk über Geschichte, Lehre, Symbolik und Aufbau des Freimaurertums.“

„… SO KANN SICH diese Vereinigung mit Recht rühmen, daß die Freimaurerei die Menschen veredelt."

LOVIS CORINTH in einer Logenrede

„DIESE OPER ist vollständig freimaurerisch gedacht, und in ihr begreift man, daß Königliche Kunst in der Freimaurerei geschaffen wird."

LOVIS CORINTH zu Mozarts Oper „Die Zauberflöte"

LOVIS CORINTH (1858–1925), Präsident der Berliner Sezession, Impressionist und Lithograph. Er schuf neben vielen anderen Werken auch eine Bildfolge „Meine Loge". Er war seit 1890 Mitglied der Münchener Loge „In Treue fest".

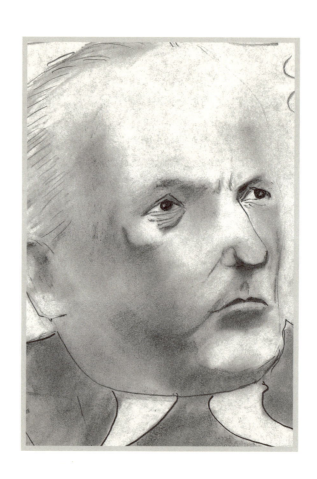

„ICH GLAUBE, daß wir – Kirche und Freimaurerei – mehr Gemeinsamkeiten haben, als allgemein angenommen wird.

Das Streben nach Wahrheit beispielsweise, das Bemühen um menschliche und sittliche Werte, das Engagement für die Gesellschaft und für menschlichen Fortschritt mit dem Ziel, dem Menschen zu dienen und ihm zu helfen.

Ich glaube, daß wir darin auf dem gleichen Wege sind."

JOHANNES J. DEGENHARDT (geb. 31. 1. 1926 in Schwelm), seit 1974 Erzbischof von Paderborn.

„DIE MORALISCHE UND GEISTIGE KRAFT, die rechte Entscheidung zu treffen und zu verantworten, muß geübt werden. Freimaurer wollen sie üben. Das ist der tiefe Sinn ihrer freimaurerischen Arbeit. Der ganze Mensch, der fühlende, der wissende, der erkennende Mensch muß sich üben, muß versuchen, sich zu vervollkommnen. Die geistige Kraft wächst nur, wenn sie lebendig betätigt wird.

Alle Bereiche des menschlichen Lebens müssen sich frei entfalten können.

Ich sage, die freie Welt hat eine Idee, die groß und wirksam ist: die Idee der Freiheit, der Freiheiten. Sie ist der Niederschlag von 3000 Jahren europäischer Geschichte. Das sind die Freiheiten, denen die Freimaurer verpflichtet sind."

THOMAS DEHLER (1897–1967). Der als Jurist aktive Gegner des NS-Regimes wurde 1944 in ein Zwangsarbeitslager eingewiesen. 1949–1953 war er Bundesjustizminister, von 1960 an Vizepräsident des Deutschen Bundestages. Dehler war maßgeblich an der Schaffung des Grundgesetzes beteiligt. Er gehörte seit 1926 der Bamberger Loge „Zur Verbrüderung an der Regnitz" an.

„WIR STEHEN, brüderlich vereint,
in diesem vergänglichen Augenblick gebannt,
aber wissend,
daß in unserem Herzschlag die Vergangenheit
und die Zukunft enthalten sind.
Es ist viel Not auf der Welt –
wir müssen helfen.
Es ist viel Unfriede auf der Welt –
wir müssen wachen.
Wir dürfen nicht weggehen,
als wären wir nie dagewesen."

KETTENSPRUCH VON MILO DOR. Gegen Schluß
ihrer rituellen Arbeit reichen sich die Logen-
mitglieder die Hand und bilden eine Kette. Dazu
wird ein Spruch gesagt; der obige stammt von Milo
Dor, der 1923 als Milutin Doroslovac in Budapest
geboren wurde. 1942 wurde er als Widerstands-
kämpfer gegen das NS-Regime verhaftet. Von ihm
stammen Theaterstücke, Essays und eine ganze
Reihe von Büchern.

Ducommun

„HÜTEN WIR UNS DAVOR, das Ziel maurerischen Strebens so hoch und so weit zu stecken, daß schließlich die Besten unter uns an dessen Erreichung verzweifeln müssen."

ELIE DUCOMMUN (1833–1906). Schweizer Politiker, Generalsekretär des internationalen Friedensbüros Basel, erhielt im Jahre 1902 den Friedensnobelpreis.
Der „Fackelträger der freimaurerischen Idee" war Großmeister der schweizerischen Großloge ALPINA. Er starb am 6. 12. 1906.

„SICHERLICH LÄSST SICH SAGEN, daß die Aufklärung ein wesentliches freimaurerisches Vermächtnis bis in die Gegenwart geblieben ist. Und gerade Freimaurer kommen nicht um die Frage herum, ob und wie sie diesem Vermächtnis heute gerecht werden."

GERALD L. EBERLEIN ist Soziologe und Professor an der Technischen Universität München. Obiger Ausspruch stammt aus seinem Vortrag, den er 1987 auf einer Tagung der freimaurerischen Akademie Forum Masonicum hielt.

SPRICH LEISER am Abend,
Jetzt mußt du nichts mehr sein
Als Mensch unter Menschen –
Mensch ganz allein.

Leg ab die Gewänder,
Titel und Zeichen –
Jetzt mußt nichts mehr du erreichen
Als dich ganz allein.

BERTRAND ALFRED EGGER (geb. 1924 in Graz) gehört einer Wiener Loge an.
Dieses Gedicht Bertrand Alfred Eggers zeichnet den Augenblick nach, wenn ein Freimaurer nach der Tagesarbeit das Logenhaus betritt, wo keine Titel und Ränge mehr gelten als allein der Mensch, bereit zur Verbrüderung.

DER MARKMEISTER

WENIGE WISSEN vor der Welt sich zu wahren,
Und es verliert sich zu leicht ihre Spur.
Markmeister, merk deinen flüchtigen Jahren
Künftighin auf deine eigne Kontur.

Markmeister, kenne den Wert der Sachen,
Wisse, wie schwer es ist, etwas zu sein.
Wisse, wie schwer es ist, etwas zu machen –
Und präg deinem Leben dein Zeichen ein!

Du bist in der Welt, um Zeichen zu geben,
Die Anmerkung sei deine schwierige Pflicht.
Das höchste der Zeichen jedoch sei dein Leben,
So, daß es unverwechselbar spricht!

BERTRAND ALFRED EGGER, aus „Der einzige Läufer", Gedichte, 1977 Eisenstadt.
Die erste Erwähnung der Markmaurerei geschieht in einem Protokoll des Chapter of Friendship in Portsmouth von 1769.
Der Markmeistergrad handelt vom Salomonischen Tempelbau, von der „Mark", dem besonderen Zeichen der Steinmetzen, insbesondere einem solchen, das sich auf einem Schlußstein findet, der zur Vollendung des Baues besonders wichtig ist.

32

ERBFOLGE

Aufklärungstrümmer,
an Freie Maurer
erinnernd,
die einst
auf den
alten Fundamenten
die neue Welt erdachten
und die Trümmer
ihres Traums
liegenließen
für dich
und mich

JO GATTIÈRES (Pseudonym), geb. 1940, Lyriker
und Grafiker.

„IHR FREIMAURER – Ihr tut doch etwas!
Wir anderen reden ja nur!"

HERMANN EHLERS (1904–1954), erster Präsident
des Deutschen Bundestages, gehörte keiner Loge
an. Er hatte sich ausgetauscht mit Freimaurern, die
nach dem Kriege an der Schaffung des Parlamenta-
rischen Rates und des Grundgesetzes der Bundesrepublik Deutschland maßgeblich beteiligt waren.

„MENSCH SEIN HEISST: das Höchste wollen in Kraft, Weisheit und Schönheit. Und wollen heißt tun. Der Wille, der nur redet, ist kein Wille. Der Wille ohne die Tat ist die Lüge vor sich selbst.

Deshalb: Kraft wollen heißt: kräftig wirken!
Weisheit wollen heißt: weise leben!
Schönheit wollen heißt: harmonisch fühlen!

Auf diesen drei Fundamenten steht nicht nur der helle Tempel der Freimaurer. Auf diesen Fundamenten steht der Tempel des menschlichen Wesens aller Menschenbrüder."

„FREIMAURERTUM glaubt an die lebensnahe ökumenische Stärke unter den Religionen, die eine Weltheimat der Menschenwürde vor menschenunwürdigem Totalitarismus des Glaubens oder Denkens bewahrt."

„DIE FREIMAUREREI hat ein großes Geheimnis.

Ein einziges, ganz großes, tiefes und wunderbares Geheimnis. Ein Geheimnis, das zu ergründen die Menschen seit Anbeginn ihres Denkvermögens nachgedacht haben. Ein Geheimnis, das uns alle umschließt und mit dem Kosmischen verbindet.

Und deshalb hat es seit dem grauesten Altertum Freimaurer gegeben. Sie nannten sich nur nicht so.

Der Mensch, der zum erstenmal innere Sehnsucht nach der Harmonie der Natur empfand, war der erste Freimaurer.

Diese Sehnsucht der Menschen, aus den seelenlosen Wüsten der Logik heraus, schuf die Esoterik aller Zeiten. Im alten Babylon, in Indien, in Ägypten, überall, wo Menschen nachdachten, entstand die Esoterik in den verschiedensten Formen, aber in enger seelischer Verwandtschaft.

Sie befruchtete nicht nur die Religionen der alten Welt, sie stand nicht nur an der Wiege des Christentums – sie entwickelte sich auch in geheimen Kulten und Gesellschaften weiter und blieb, den Jahrhunderten zum Trotz, wenn auch teilweise verändert und verwischt, doch bis zum heutigen Tage bestehen.
Die Freimaurerei ist ein Kind urältester Esoterik."

FRANZ CARL ENDRES (GEB. 1878), Schriftsteller und Journalist, Professor an der Münchner Militärakademie, im Ersten Weltkrieg Generalstabschef einer türkischen Armee, schrieb zahlreiche Bücher pazifistischen Inhalts. Er wurde 1920 in München in der Loge „Zum aufgehenden Licht an der Isar" zum Freimaurer aufgenommen; später gehörte er auch Logen in Wien, Luzern und in Paris an. Franz Carl Endres trat entschieden für die übernationalen, völkerverbindenden Bestrebungen der Freimaurer ein.
Obiger Text ist seinem Buch „Das Geheimnis des Freimaurers" (Stuttgart 1927) entnommen.

WER RECHTES SCHÖN TUT, BAUT FÜR ALLE ZEIT

DEN MEISTER, der den einen Weg gefunden,
Wie echte Schönheit sich mit Wahrheit bindet,
Der Selbst-Erkanntes spricht, Gefühltes kündet,
Bekränzt ein Kranz, den er sich selbst gewunden.

Das Lob der Vielen krönt das falsche Haupt.
Im Urteil ist die Menge rasch und blind;
An solchem Lorbeer zaust der nächste Wind,
Der schnelle Ruhm ist schneller noch geraubt.

Wer Rechtes schön tut, baut für alle Zeit.
Geheimnisvoll errichtet er ein Reich,
Da noch die Fama sinnlos lärmend schreit,

Begründet neu die Welt und bleibt zugleich
Im Wandel treu, zur Wandlung stets bereit,
Bleibt stark im Willen, an Empfindung reich.

„DER FREIMAURER erstrebt eine Welt, die sich wie eine einzige Familie verhält. Wenn das auch immer wieder als eine Utopie denunziert wird, so bekennt er sich dennoch zu diesem Ziel, wenigstens diesen Weg einzuschlagen; er will als Freimaurer keine anderen Waffen benutzen als die des Geistes; die darf und soll er anwenden, weil er damit einer Ursehnsucht der Menschen Ausdruck verleiht; weil seine Prinzipien dem denkenden und fühlenden Menschen als notwendig und notwendend erscheinen: Dauerndes humanes Verhalten, immer wieder versucht, muß Früchte tragen in einer Welt, in der so unbedenklich militante und unterdrückende Maßnahmen zum Schaden des Nächsten angewendet werden."

ALEXANDER GIESE (geb. 1921 in Wien), ehem. Hauptabteilungsleiter im ORF/Fernsehen, Schriftsteller. Von ihm wurden zahlreiche Hörspiele, Opern und Singspiele aufgeführt sowie Gedichte und Prosa veröffentlicht.
Das in dem 1962 in Wien veröffentlichte Gedicht, das in „Zwischen Gräsern der Mond" nachzulesen ist, ist ein freimaurerisch tief empfundener Nachruf des Verfassers auf den verdienten und hoch angesehen gewesenen Freimaurer Ernst Schönwiese. Alexander Giese war Großmeister der Großloge von Österreich.

„DASS ER FREIMAURER gewesen war, war meiner Mutter bekannt“, schreibt Alfred Grosser in den Erinnerungen an seinen Vater (Prof. Dr. med. Paul Grosser, 1934 gestorben), dessen Logenzugehörigkeit er später (1976) recherchierte und über dessen Amt als Redner der Loge „Zur aufgehenden Morgenröthe“ in Frankfurt er sinnierte:

„Ich weiß nicht, wie sein Thema damals gelautet haben mag. Es wird der humanistisch-aufklärerischen Tradition entsprochen haben, mit geringer religiöser Grundlage.“

Aus: Alfred Grosser „Mein Deutschland“,
Hoffmann & Campe 1993

PROF. DR. ALFRED GROSSER, geb. 1925 in Frankfurt, nach Frankreich emigriert, seit 1937 Franzose, Prof. em. am Pariser Institut für politische Wissenschaften und Publizist. 1975 Friedenspreis des Deutschen Buchhandels als „Mittler zwischen Franzosen und Deutschen, Ungläubigen und Gläubigen, Europäern und Menschen anderer Kontinente.“

„AUCH DIE KIRCHE kann die Menschen nicht mehr mit Orgelmusik überzeugen. Das geht nur mit praktischem Christentum. Das, was wir brauchen, ist praktisches Freimaurertum."

PROF. ADOLF JUNGBLUTH (geb. 1909), Arbeitswissenschaftler, Kulturpreisträger des Deutschen Gewerkschaftsbundes.

„WIR SOLLTEN uns darüber im klaren sein, daß unser Bund nicht privilegiert, sondern von uns fordert, nämlich Elite zu sein, ausgelesen durch den Wunsch, das Licht der Einsicht zu finden, das Menschsein zu fördern, aus dem Chaos Ordnung zu läutern, den Kampf ums Dasein so zu lenken, daß Zerstörung geheilt wird. Nur in dieser Wirklichkeit vermögen wir zu wirken.

Angesichts der Verpflichtung, die wir uns alle freiwillig auferlegten, angesichts der guten Absicht und des guten Gewissens, die wir uns glauben zugestehen zu dürfen, aber auch angesichts der Mut- und Ratlosigkeit, in welche uns die Geschehnisse auf der ganzen Welt drängen, weil menschliche Unvernunft, Besserwisserei, überhebliche Machtgier, denkfaule Gewohnheit, mangelnde Selbstzucht und Selbsterkenntnis sich gutem Rat und einsatzfreudiger Tat verweigern, sollen wir gerade in der Abgeschlossenheit und Geborgenheit unserer Logen uns bewußt werden, wie wir selber mit dem Leben umgehen.“

WERNER W. GÜTTLER (geb. 1923), ehem. Großredner der Großloge der Alten Freien und Angenommenen Maurer von Deutschland, war Dozent an einer Schauspielschule und Direktor einer Volkshochschule. Werner W. Güttler ist durch etliche Veröffentlichungen, vor allem aber durch seine zahlreichen Vorträge hervorgetreten.

42

„WER NICHT bereit ist, wird fremd gemacht.
Das ist der Trick der Ideologen und Theologen.
Waren es ehedem Heiden oder Hexen – nun sind es
Juden, Kommunisten, Christen, Sozialisten, Homosexuelle,
Defätisten, Zigeuner und Freimaurer."

PETER HÄRTLING. Der 1933 in Chemnitz geborene Schriftsteller war Cheflektor beim S. Fischer Verlag; seit 1974 ist er freier Schriftsteller und veröffentlichte zahlreiche Bücher.
Der obige Text ist dem Buch „Der Wanderer" entnommen.

Hesse

LÄNGST IST der Göttersöhne heil'ge Reihe
Erloschen, und die Menschheit blieb allein
In Lust und Leides Taumel, fern vom Sein.
Ein ewiges Werden ohne Maß und Weihe.

Doch niemals starb des wahren Lebens Ahnung,
Und unser ist das Amt,
Im Niedergang durch Zeichenspiel,
Durch Gleichnis und Gesang
Fortzubewahren heiliger Ehrfurcht Mahnung.

MUSIK DES WELTALLS und Musik der Meister
Sind wir bereit in Ehrfurcht anzuhören,
Zu reiner Feier die verehrten Geister
Begnadeter Zeiten zu beschwören.

Wir lassen vom Geheimnis uns erheben,
Der magischen Formelschrift, in deren Bahn
Das Uferlose, Stürmende, das Leben
Zu kleinen Gleichnissen gerann.

Sternbildern gleich ertönen sie kristallen,
In ihrem Dienst ward unserm Leben Sinn,
Und keiner kann aus ihren Kreisen fallen,
Als nach der heiligen Mitte hin.

HERMANN HESSE flüchtet in seinem „Glasperlen-
spiel" vor dem 20. Jahrhundert in die Provinz der
„Glasperlenspieler", die für ihn die Rettung vor
dem seelischen Zusammenbruch des europäischen
Menschen darstellt. Die Angleichung Glasperlenspieler – Freimaurer ist deutlich.

MIT EINER EINTRITTSKARTE
ZUR ZAUBERFLÖTE – 1938

So werd' ich dich noch einmal wiederhören,
Geliebteste Musik, und bei den Weih'n
Des lichten Tempels, bei den Bruderchören,
Beim holden Flötenspiel zu Gaste sein.

So viele Male in so vielen Jahren
Hab' ich auf dieses Spiel mich tief gefreut
Und jedesmal das Wunder neu erfahren
Und das Gelübde still in mir erneut,

Das mich als Glied in eure Kette bindet,
Morgenlandfahrer im uralten Bund,
Der nirgends Heimat hat im Erdenrund,
Doch immer neu geheime Diener findet.

Immer, Tamino, macht das Wiedersehen
Mir heimlich bang. Wird das ermüdete Ohr,
Das alte Herz euch noch wie einst verstehen,
Ihr Knabenstimmen und Du, Meisterchor –
Werd' ich vor eurer Prüfung noch bestehen?

In ewiger Jugend lebt ihr, selige Geister,
Und unberührt vom Beben unserer Welt.
Bleibt Brüder uns, bleibt Führer uns und Meister,
Bis uns der Hammer aus den Händen fällt.

Und wenn auch eurer heitern Auserwählung
Die Stunde schlägt und niemand euch mehr kennt,
So folgen neue Zeichen euch am Firmament,
Denn alles Leben dürstet nach Beseelung.

Hermann Hesses Gedicht verrät tiefstes Vertrautsein mit den freimaurerischen Gedanken, obgleich er kein Mitglied gewesen sein dürfte.
Der deutsche Dichter und Schriftsteller, der 1877 in Calw geboren wurde, 1946 den Nobelpreis für Literatur und 1955 den Friedenspreis des Deutschen Buchhandels erhielt, starb am 9. 8. 1962 in Montagnola in der Schweiz.

STUFEN

Wie jede Blüte welkt und jede Jugend
Dem Alter weicht, blüht jede Lebensstufe,
Blüht jede Weisheit auch und jede Tugend
Zu ihrer Zeit und darf nicht ewig dauern.

Es muß das Herz bei jedem Lebensrufe
Bereit zum Abschied sein und Neubeginne,
Um sich in Tapferkeit und ohne Trauern
In neue, andre Bindungen zu geben.

Und jedem Anfang wohnt ein Zauber inne,
Der uns beschützt und der uns hilft zu leben.
Wir sollen heiter Raum um Raum durchschreiten,
An keinem wie an einer Heimat hängen,

Der Weltgeist will nicht fesseln uns und engen,
Er will uns Stuf' um Stufe heben, weiten.
Kaum sind wir heimisch einem Lebenskreise
Und traulich eingewohnt, so droht Erschlaffen.

Nur wer bereit zu Aufbruch ist und Reise,
Mag lähmender Gewöhnung sich entraffen.
Es wird vielleicht auch noch die Todesstunde
Uns neuen Räumen jung entgegensenden,

Des Lebens Ruf an uns kann niemals enden ...
Wohlan denn, Herz, nimm Abschied und gesunde!

Dieses Gedicht Hermann Hesses atmet zutiefst
freimaurerischen Geist. In der Loge ist jeder Grad,
jede Stufe, Berufung zu erweiterter Erkenntnis
und Arbeit an sich selbst, und eingeschlossen in
diesen Lebens- und Erkenntniskreis ist auch der
endgültige Abschied, der Tod, der auch als Stufe
gesehen wird.

SPÄTESTE SÖHNE, rühmet euch nicht,
Einsame Söhne, hütet das Licht.

Daß es von euch in Zeiten noch heißt,
Daß nicht klirret die Kette, die gleißt.

Leise umschmiedet, Söhne, – den Geist!

PETER HUCHEL (1903–1981). Dieses 1933 geschrie-
bene, im Auszug wiedergegebene Gedicht schrieb
der Dichter, der im Jahre 1974 den Literaturpreis
Deutscher Freimaurer erhielt.
Seine damalige Dankesrede ist in dem suhrkamp
taschenbuch Nr. 2048 unter dem Titel „Peter
Huchel" abgedruckt.
Der mit zahlreichen Preisen und Ehrenmitglied-
schaften ausgezeichnete Lyriker war Künstlerischer
Direktor beim Berliner Rundfunk und Chefredak-
teur von „Sinn und Form", ehe er 1971 seinen
Wohnsitz in Ost-Berlin aufgab und nach Staufen/
Breisgau übersiedelte.

„NUR DADURCH, daß wir jeden guten Gedanken in uns aufnehmen, komme er, von wem er wolle, daß wir in unsern Gegnern nicht die Person, sondern nur die falschen Grundsätze hassen, und selbst während des hitzigen Kampfes die Versöhnung im Herzen tragen, dadurch, daß wir ohne allen Dünkel gerne anerkennen, daß auch der Bürger anderer Staaten glücklich sein könne, dadurch, daß wir niemals den göttlichen Funken der Ewigkeit in unserer Brust ersticken und nie das heilige Vertrauen zu jenem verlieren, der die Sterne lenkt – nur dadurch können wir dem Sonnenaufgang und der allgemeinen Wahrheit ruhig und gefaßt entgegensehen."

LUDWIG KELLER (1849–1915). Auszug aus seinem 1911 preisgekrönten Buch „Die geistigen Grundlagen der Freimaurerei und das öffentliche Leben". Keller versuchte darüber hinaus, in der Comenius-Gesellschaft ein Organ zu schaffen, das der durch die großen geistigen Gegensätze zerrissenen deutschen Geisteswelt wieder das Ideal der Humanität vorstellt.

„DASS DER MENSCH einer Bindung an einen überendlichen Sinn bedarf, ist ewigmenschlich und unverlierbar. Nur der ewige Bund, nur die große Gemeinschaft, die Allgemeinschaft, kann den endlichen Gemeinschaften Seele und Sinn verleihen und kann den Menschen selbst zu einem starken, zuverlässigen Glied in diesen Gemeinschaften machen."

ERNST HORNEFFER (1871–1954), Professor der Philosophie, übersetzte u. a. Plato, gab mit seinem Bruder August den „Unsichtbaren Tempel" heraus und war Redner des Vereins deutscher Freimaurer. Er leitete das Kartell freiheitlicher Vereine in München und bearbeitete Nietzsches Lehre von der ewigen Wiederkunft.

„AM ABEND kam mein Vater aus dem Geschäft. Er trug Knickerbocker in Pfeffer
und Salz. Seinen Teichhut hängte er singend auf einen der roten Garderoben-
haken.
,Wie sie so sanft ruhn,
alle die Toten ...‘
Das war das Logenlied, wie meine Mutter es nannte.“

Der Schriftsteller WALTER KEMPOWSKI, Jahrgang
1929, schreibt in seinem autobiographischen Er-
folgsroman „Tadellöser und Wolff“ über seine
Kindheit in den 30er Jahren in Rostock und über
seinen Vater, der, obwohl Weltkrieg I-Soldat, für
die Wehrmacht des sog. Dritten Reiches (zunächst)
abgelehnt wird.

„SIE HATTEN IHN nicht genommen. ,Was, Freimaurer?‘
Mit Rot durchgestrichen: Freimaurer. Aus.
,Das wird Vati nie verwinden‘, sagte meine Mutter ...
Die Loge sei doch ganz harmlos gewesen, wie so ein Verein. Da hätten sie immer-
los gesoffen, gegenseitige Beziehungen, alles Kaufleute ...“

Einige Jahre später:

„Mein Vater war doch noch eingezogen worden. Freimaurer? Nicht so wichtig.
Statt des Teichhutes hing seine Militärmütze an der Garderobe. Tadellose Sache
das.
,Wie sie so sanft ruhn,
alle die Toten ...‘“

Und dann, Nachkriegszeit, Vater in russischer
Kriegsgefangenschaft, Walter Kempowski schreibt
in „Uns geht’s ja noch gold“:

„Ob Vati wohl einen Tannenbaum habe? In Rußland? Was meinten wir? – Und
ob er wohl Vorteile habe von seiner Freimaurerei? Mit ihren Geheimzeichen,
Händedruck und auf besondere Weise klopfen. Die hatten doch immer nur das
Gute gewollt. Sicher gäb’s davon auch welche in Rußland. Kommunismus und
Freimaurerei, das hatten doch die Nazis immer gesagt, das hänge zusammen.“

„DER MYTHOS geistig-sittlicher Erbauung enthält sich der Aussage über ein Ziel, den Endzustand und die Entwicklung dorthin. Das Geheimnis wird als solches respektiert; das sokratische Wissen des Nichtwissens ist dabei vorbildlich. Die Einstellung ist eine praktische, ethische:

Jeder Stein soll zurechtgehauen und fugenlos in das Haus des Seins eingefügt werden. Gewiß ist die Welt nicht so, wie sie sein sollte, aber das Ideal ist ein endliches, hiesiges: die Beförderung der Menschlichkeit. Das volle Menschentum läßt sich freilich nur erringen, wenn der Mensch in seiner Verantwortung für die Erde und damit für die Ordnung des All-Zusammenhangs bewußter wird als bisher. Zu sehr haben wir vergessen, daß der Mensch Glied des Weltganzen ist. Die drohende Umwelt-Zerstörung, die Gefährdung des ökologischen Gleichgewichts der Natur: das sind Menetekel, die uns als Parasiten der Mutter Natur ausweisen. Der Mensch selbst verwüstet den Boden, der ihn trägt, ernährt und ihm Wohnung bietet; eine furchtbare Verkehrung unserer Seinsweise! Der Mensch, der begriffen hat, daß er zum Mitschöpfer, zum Baumeister seiner Welt berufen ist, dieser Mensch wird sich anders verhalten, nämlich der alten Weisheit gemäß, die unser Mythos übermittelt …!"

HERBERT KESSLER (geb. 1918 in Mannheim) war Rechtsanwalt am Oberlandesgericht Karlsruhe, Vorstandsvorsitzender der Humboldt-Gesellschaft für Wissenschaft, Kunst und Bildung e. V. und Erster Vorsitzender der Sokratischen Gesellschaft e. V.
Er wurde im Jahre 1965 in der Mannheimer Loge „Carl zur Eintracht" zum Freimaurer aufgenommen, deren Meister vom Stuhl er später wurde.
Herbert Kessler schrieb zahlreiche Bücher; unter diesen besitzt die stärksten Bezüge zur Freimaurerei das im Aurum-Verlag, Freiburg erschienene „Das offenbare Geheimnis – Das Symbol als Wegweiser in das Unerforschliche und als angewandte Urkraft für die Lebensgestaltung".

Kopelew

„Der Begriff ‚Freimaurerei‘ klingt etwas exotisch für jemanden, der aus einem Land kommt, in dem die Freimaurerei verboten ist (Sowjetunion). Andererseits sind in der russischen Geschichte zahlreiche Spuren der Freimaurer, zum Beispiel im Zusammenhang mit den Dekabristen. Sie hießen so, weil ihr Aufstand gegen die Selbstherrlichkeit des Zaren, gegen Leibeigenschaft und Standesprivilegien im Dezember 1825 in Petersburg niedergeschlagen wurde.

Als Dekabristen galten diejenigen, die gegen das starre zaristische System umfangreiche humanitäre und gesellschaftspolitische Reformen durchsetzen wollten. Es war kein Geheimnis, daß sie aus dem freimaurerischen Gedanken heraus ihr Bekenntnis zur Menschenwürde und zur Freiheit der Meinung formuliert hatten. 1826 hat dann Zar Nikolaus I. die Freimaurerei verboten.“

„… daß manches, wofür ich mich in den letzten Jahren eingesetzt hatte, den Idealen der Freimaurer entspricht, daß ich oft und ohne es zu wissen, die gleiche Sprache gesprochen und geschrieben habe, – nun, es sind ja nicht nur die Ideale der Freimaurer, sondern die aller Menschen guten Willens.“

Lew Kopelew (geb. am 9. 4. 1912 in Kiew, gest. am 18. 6. 1997 in Köln), Germanist und Schriftsteller, der in der Sowjetunion 10 Jahre Lagerhaft verbüßen mußte, lebte seit seiner Ausbürgerung in Köln und hatte die deutsche Staatsangehörigkeit angenommen.
1982 erhielt er den Friedenspreis des Deutschen Buchhandels und 1983 den Kulturpreis deutscher Freimaurer.

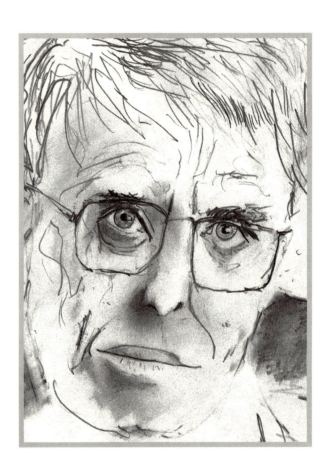

„PABLO CASALS berichtet in seinen Lebenserinnerungen von einer festlichen Veranstaltung im Rathaus zu Madrid, die wenige Jahre nach Ausrufen der Republik Spanien stattdand, und an der hohe Regierungsvertreter teilnahmen. Gebeten, das Wort zu ergreifen, habe Casals von seiner tiefen Zuneigung zu König Alfonso erzählt und gesagt: ‚Was ich als Musiker auch erreicht habe, mehr, als was ich in Worte fassen kann, verdanke ich Königin Maria Christina, dieser wunderbaren Frau. Sie war wie eine zweite Mutter zu mir, und ich werde immer in Liebe an sie denken.‘

Da sei der Beifall losgebrochen. Der ganze Saal habe sich erhoben, einschließlich der Regierungsvertreter, jener Männer also, die, so Casals, ihr Leben dem Kampf gegen die Monarchie und für die Republik geweiht hatten.

Auch sie hätten applaudiert. Warum? Casals: ‚Weil es großartige Männer waren.‘

Diese Männer, die die Monarchie bekämpften, spendeten der Königin Beifall, weil sie Casals eine zweite Mutter gewesen war, und sie applaudierten Casals, weil dieser, ein überzeugter Republikaner, das nicht vergessen hatte. Ich bin nicht befugt, mich über die Ziele Ihrer Bruderschaft zu äußern, aber wenn ich Lessings „Freimaurergespräche Ernst und Falk“ nicht völlig mißverstanden haben sollte, dürften Casals und die Vertreter der spanischen Republik an jenem Abend vorgelebt haben, was den Freimaurern vorschwebt: im einzelnen Menschen einzig den Menschen zu sehen …

Ich danke Ihnen, daß Sie mich mit einem Preis ausgezeichnet haben, der an die andere Möglichkeit in uns erinnert.“

REINER KUNZE (geb. 1933) in seiner Dankesrede anläßlich der Verleihung des Kulturpreises Deutscher Freimaurer zu Chemnitz, im Mai 1993.
Der Schriftsteller Reiner Kunze gab am Tage nach der Zerschlagung des Prager Frühlings durch Truppen des Warschauer Paktes sein Parteibuch zurück, wurde in der DDR überwacht und verfolgt. 1977 stellte er einen Antrag auf Entlassung aus der DDR-Staatsbürgerschaft. Vier Monate danach siedelte er in die Bundesrepublik über, hielt im Inland wie im Ausland viele Lesungen aus seinen zahlreichen Büchern und erhielt namhafte Auszeichnungen und Preise.

MAURER, IN DER TÜR DER BAUHÜTTE LEHNEND

„NACH DER Wasserwaage ihrer Bierflaschen
stehn sie im rechten Winkel
zum Regen.
Das sonnige Wochenende
ist ihr Geheimnis –
ohne Abzüge!
Der Regen zog auf über Nacht
und die Welt ist im Lot.
Heute wird nichts.
Aus.“

REINER KUNZE

UNSRE Bruderschaft soll leben,
leben unser Freundschaftsbund,
der uns Brüder hat gegeben
übers ganze Erdenrund,

der am Tempel heißt uns bauen,
an dem Dom der Menschlichkeit,
der uns Brüder läßt vertrauen
auf das Gute dieser Zeit,

der uns in des Tempels Stille
Frieden, Kraft und Freundschaft schenkt,
der uns hilft, daß unser Wille
auf das Edle wird gelenkt!

Diesem Bund des Meisters Segen,
daß es eines Tags vielleicht
Maurerbrüder doch vermögen,
daß, soweit die Erde reicht,

unser ehrliches Bestreben
werde allen Menschen kund!
Unsre Bruderschaft soll leben,
leben dieser Freundschaftsbund!

ALFRIED LEHNER

WENN BRÜDER auseinandergehn,
vielleicht für lange Zeit,
vielleicht sich niemals wiedersehn,
erst in der Ewigkeit,

dann mag dies manchem schmerzlich sein.
Das ist so Menschenart.
Doch wird der Schmerz dann wieder klein,
wenn ihr in euch bewahrt,

daß uns verbindet dieser Bund
als einer Kette Glieder.
Trennt uns das ganze Erdenrund,
wir bleiben dennoch Brüder!

ALFRIED LEHNER (geb. 1936) von Beruf General-
stabsoffizier an der Führungsakademie der Bundes-
wehr, veröffentlichte etliche Gedichtbände, ist freischaffender Lyriker, aufgenommen in die Hamburger Loge „Roland" am 5. 12. 1977, ausgezeichnet
mit der „Matthias-Claudius-Medaille".

„WAS DIE LITERATUR mitunter braucht, das ist Starrsinn, ein unentmutigter Starr-sinn, der angesichts großer Wirkungslosigkeit nicht aufhört, seine Fragen an die Welt zu stellen.

Ich meine, der Freimaurerbund gibt ein Beispiel dafür. Die alten Symbole Winkelmaß, Wasserwaage und Senkblei zeugen von der Beharrlichkeit einer Hoff-nung, die sich durch nichts widerlegt sehen will. Von der etablierten Ungerech-tigkeit nach Gerechtigkeit verlangen; in Zeiten der Ungleichheit Gleichheit zu fordern; angesichts tätiger Feindseligkeit geduldig zur Brüderlichkeit zu überre-den: auch dafür hat der Freimaurerbund ein Beispiel gegeben."

SIEGFRIED LENZ (geb. 17. 3. 1926 in Lyck, Ostpreu-ßen) in seiner Dankesrede aus Anlaß der Verleihung des Literaturpreises Deutscher Freimaurer am 9. 5. 1970 in Aachen.
Der deutsche Schriftsteller, bekannt vor allem durch seinen Roman „Die Deutschstunde", konnte zahl-reiche Ehrungen, wie z. B. den Friedenspreis des Deutschen Buchhandels, entgegennehmen.

Golo Mann

„ICH WERDE mit der Überzeugung leben und sterben, daß Humanismus logisch unmöglich, gedanklich undurchführbar ist ohne sein Betreiben in einem sich verantwortlich fühlenden Männerbund wie dem Ihren – und auch undurchführbar ist ohne einen das Humanum transzendierenden Glauben."

GOLO MANN, geb. 27. 3. 1909, Sohn des Thomas Mann, deutscher Historiker und Publizist, emigrierte 1933, Verfasser u. a. der „Deutsche Geschichte des 19. und 20. Jahrhunderts", erhielt in Duisburg den Literaturpreis deutscher Freimaurer.
Obiger Text wurde einem seiner Briefe an den Herausgeber dieses Bandes, Rolf Appel, entnommen.

SETTEMBRINI UND NAPHTA

IN SEINEM umfangreichen Gesamtwerk hat Thomas Mann, der große Virtuose der deutschen Sprache, eine Fülle von Zeiterscheinungen dichterisch erfaßt und gestaltet. So nimmt es nicht wunder, daß dieser hochgebildete und kritische Betrachter unserer gegenwärtigen Kultur in einem seiner bekanntesten Romane, dem „Zauberberg", einen Freimaurer darstellt, der mit einem Jesuiten konfrontiert wird. Sicher reizte Mann hier die Gegensätzlichkeit der beiden verschiedenen Welt- und Lebensauffassungen.

Im „Zauberberg", einem Lungensanatorium in Davos, ist durch gemeinsames Schicksal eine Anzahl Kranker zusammengeführt, die Heilung erhoffen oder hoffnungslos dahinsiechen …

Unter den teils sonderbaren, teils langweilig-philiströsen, teils affektierten oder exzentrischen Kranken ragt ein merkwürdiger Mensch heraus: der italienische Humanist und Freimaurer Settembrini …

Settembrini huldigt der Vernunft als dem höchsten Ausdruck menschlichen Geistes; er glaubt an die Selbstvervollkommnung des Menschen, an den Fortschritt aus Dunkel und Verblendung heraus zu einem Endzustand der inneren Helligkeit, der Güte und des Glücks. Er vertraut fest darauf, daß die Menschheit dereinst zu einem Sieg der absoluten Vernunft gelangen wird und bewundert aus dieser Sicht heraus die Technik als Ausdruck menschlichen Erfindergeistes. Auch Kunst und Dichtung haben nur eine erzieherisch-humanistische Funktion.

Settembrini lebt in der großen Tradition der abendländischen Geisteswelt, er, der „homo humanus", erwartet die „Morgenröte einer allgemeinen Völkerverbrüderung", die „heilige Allianz der brüderlichen Demokratie", in der sich die Einheit von Körper und Geist vollziehen und sich das Materielle dem geistigen Prinzip unterordnen muß.

Aus dem glühenden Bekenntnis zum abendländischen Denken sieht Settembrini in Europa die gestaltende Mitte aller zukünftigen geistigen Entwicklungen. Nur im Abendland ist nach seiner Meinung die Menschheit aus einem primitiven Zustand der Furcht und Dumpfheit zu zielbewußter Tätigkeit und zweckvoller sozialer Arbeit heraufgeführt worden …

Der Gegenspieler dieses begeisterten Kämpfers für Menschlichkeit und Fortschritt ist der Jesuit Naphta, der intellektuelle Scholastiker, auch ein Mann der Wissenschaft und des Geistes, aber von ätzender Bissigkeit und Negation erfüllt. Im Gegensatz zu Settembrinis Glauben an den souveränen Geist und die Freiheit des menschlichen Willens, sieht Naphta in den Idealen der Menschenrechte, Persönlichkeit und Freiheit nur Abirrungen, die letztlich zum Terror der Massen führen. Aufklärung, Vernunftglaube, weltbrüderliche Gesinnung sind nach seiner Ansicht nur Vorstufen entsetzlicher Revolutionen, in denen schließlich die gemeinsten Masseninstinkte zur Herrschaft gelangen. Für ihn kann der Mensch nur durch geistige Zucht, durch Strenge und straffe Erziehung des Willens zur Unterordnung unter die Herrschaft Gottes zurückgeführt werden. Für den Fortschrittsglauben hat Naphta nur Worte des Spottes; für ihn bedeutet Erziehung eine bewußte Lenkung des Willens. Da der Mensch von Natur aus schlecht sei, kommt ihm eine humanitäre Einstellung widersinnig und widernatürlich vor. Auch in der Rechtsprechung darf daher nicht das Prinzip der Besserung, sondern allein das der Strafe gelten …

Mit vollem Recht stellt Thomas Mann diese beiden Männer als Antipoden grundsätzlich verschiedener Denkrichtungen und Lebensanschauungen dar. Dieser Gegensatz reizt ihn sogar zu einer ironisch-überspitzten Darstellung. Da höhnt der Jesuit Naphta über den Zustand der gegenwärtigen Freimaurerei, die – „eine bourgeoise Misere in Klubgestalt" – in unmöglichen Formen einen verbürgerlichten Mystizismus mit einem platten Vernunftglauben verbinde. Die „ehrlichen Ritter vom Winkelmaß", die „Dreipunktebrüder" gefallen sich nach seiner Meinung in verwässerten Vorstellungen von Dunkelmännertum und humanen Duseleien. Man rede von humaner Menschenbildung, aber befinde sich in Wirklichkeit in einer „skurrilen Selbsttäuschung", denn man habe viel Wasser in einen Wein getan, der einstmals feurig war. In diesem Zusammenhang weist der sehr logisch denkende Naphta auf das 18. Jahrhundert, die Zeit der Gründung der Freimaurerlogen hin, in der die Freimaurerei noch eine wirklich geistige Macht gewesen sei …

Settembrini glaubt fest daran, daß die künftige human und freiheitlich denkende Gesellschaft den erstrebten kunstgerechten Bau der vollendeten Weisheit erkämpfen werde.

Im Verlauf der hitzigen Diskussionen steigern sich der Freimaurer und der Jesuit in immer größere Gegensätze, die schließlich in einem grotesk-schaurigen Pistolenduell der beiden geistigen Kontrahenten gipfeln. Settembrini lehnt es dabei ab, die Waffe gegen einen Mitmenschen zu richten, Naphta tötet sich selbst. Der christliche Jesuit hat sich im Grunde als antichristlicher Anbeter der Macht und der intoleranten Härte entpuppt. Aber die Ironie Thomas Manns gilt auch dem Freimaurer Settembrini, der – als Aufklärer und Vertreter eines humanen

Vernunftsgedankens – zugleich einem dunklen irrationalen Mysterienkult anhängt, aber diesen unüberbrückbaren Widersinn nicht erkennen will.

HIER MUSS die Kritik an Thomas Manns Darstellung ansetzen. Bei all seinen brillant vorgebrachten Gedanken, bei aller Anerkennung seiner Kenntnis freimaurerischer Geschichte und Symbole, bleibt seine Darstellung nur ein geistreiches Spiel, weil kein echtes, eigenes Erlebnis zugrunde liegt. Daher bleibt auch die Gestalt des Freimaurers Settembrini blutlos, sie wirkt wie eine philosophische Ideologie, die in literarische Form gekleidet wurde ...

Die Freimaurerei ist geschichtlich ein Kind des aufklärerischen 18. Jahrhunderts mit seinem Vernunftdenken; sie schöpft aber zugleich ihre tiefsten Gedanken aus dem Urgrund der irrationalen mystischen Grundkräfte der menschlichen Seele. Sie steht einerseits in der rational erfaßbaren Wirklichkeit, wurzelt zugleich aber in den unfaßbaren und unbegreiflichen Welten tiefster Gefühle und Sehnsüchte. Jeder denkende Mensch und jeder Freimaurer steht in diesem Dualismus von Gedanke und Gefühl, von Verstand und Empfindung, von strenger Ratio und unergründlichen Seelenkräften.

Das hat Thomas Mann klar erkannt; seine Kritik erschöpft sich also nicht nur in der spöttischen Negation, sondern hinter mancher bitterer Feststellung steht die tiefe Einsicht eines weltumfassenden Geistes, für den freimaurerisch-humanes Denken zugleich ein Teil abendländischen Geistes ist.

Rezension des Wolfgang Kelsch, Wolfenbüttel in
„Die Bruderschaft", Heft 4, April 1960

„HEUTE IST mehr ‚Naphta' in der Welt als ‚Settembrini'".

THOMAS MANN (geb. 1875 in Lübeck) in einem
Brief aus dem Jahre 1927. Der deutsche Schriftsteller, 1929 mit dem Nobelpreis für Literatur ausgezeichnet, gilt als einer der bedeutendsten Erzähler
des 20. Jahrhunderts.
Er emigrierte 1933 und verstarb am 12. 8. 1955 in
Zürich.

JEAN COCTEAU (1889–1963), französicher Schriftsteller, Grafiker und Filmregisseur, schrieb:

„DER ‚ZAUBERBERG' ist ein Buch, das Teil meines Organismus geworden ist und dessen Tinte in meinen Adern kreist. Thomas Mann zu rühmen, zu grüßen, bedeutet wenig angesichts dessen, was ich ihm schulde. Sein ganzes Werk ist mir nahe, aber das Buch vom ‚Berg', ich wiederhole es, ist wie von meinem Stamm, es ist brüderlich."

Der große Interpret klassischer und moderner
Violinwerke, der Pädagoge, Philosoph und Schriftsteller, Friedenspreisträger des Deutschen Buchhandels, YEHUDI MENUHIN (geb. 1916 in New
York), dem der „Kulturpreis Deutscher Freimaurer" verliehen wurde, hielt am 22. März 1985 in
Hamburg eine „Rede für Freimaurer".

„ICH GLAUBE, der Künstler ist seiner Zeit voraus. Wer in dem Werk eines
genialen Künstlers unerwartete Sinnbilder seiner eigenen Welt entdeckt, darin
seine ihm vertraute Lebensphase spiegelbildhaft findet, fürchtet sich vielleicht
deshalb, wird verwirrt, ja ärgerlich. So naiv und blind egozentrisch ist er, daß er
heute vor der eigenen Reflektion zurückschreckt und ihr aus dem Weg zu gehen
versucht. Wer heute Bestätigung braucht, entflieht der Wirklichkeit durch Zer-
streuung. Oder – und das ist noch gefährlicher – er folgt sklavenhaft der Mode
und sieht und hört nur, was sie vorschreibt. Seine eigene Einstellung echter Kunst
gegenüber verfällt in dumpfe Unkenntnis.

Dies ist leider zur allgemeinen Tendenz geworden, wofür sowohl der Erzeu-
ger als auch der Verbraucher verantwortlich sind. Wir haben es hier mit einer Wil-
lensschwäche zu tun, die Wachstum hindert. Andererseits wird im Künstler der
zynische Wunsch wach, aus gerade dieser Entwicklung zu profitieren. Fast scheint
es mir, als läge hier die Ursache dafür, daß sich in den letzten 50 Jahren der ernste
Künstler mehr und mehr in seinen Elfenbeinturm zurückgezogen hat, von wo aus
er sich ab und zu herabläßt zu erscheinen. Er bedient sich absichtlich einer ganz
ihm eigenen Sprache, die oftmals nur seiner Anhängerschaft verständlich ist.

Es ist besonders tragisch, daß sich diese tiefe Kluft zu einem Zeitpunkt auf-
tat, an dem dank Allgemeinbildung und Erleichterung der Schwierigkeiten, die
die räumlichen Entfernungen mit sich gebracht hatten, mehr und mehr Menschen der Zugang zur Welt des Künstlers ermöglicht worden war. Die Welt des
Künstlers scheint aber immer weniger die Welt des Alltags zu sein.

Es sind allein die Brücken, die über diese Kluft führen, denen mein besonderes Interesse gilt. Nicht der Abgrund, der die Menschen voneinander trennt.
Im Künstler finden wir das menschliche Wesen, der an seine Mitmenschen den
Aufruf richtet, sich um Erkenntnis ihrer eigenen Begabung zu bemühen. Gerade
das ist es, was mich zu Künstlern, insbesondere wie Haydn, Mozart und Beethoven, zieht, und wiederum mag es ein ähnliches Interesse gewesen sein, welches
diese Komponisten zu den Freimaurern führte.

Joachim Hurwitz spricht in seinen faszinierenden Forschungen über
Haydns Beziehungen zu den Freimaurern vom Aufstieg der Freimaurerei in
Ländern wie zum Beispiel Österreich als von einem Symptom der Rebellion
gegen politischen Absolutismus und konfessionelle Orthodoxie und davon, daß
Zusammenkünfte in der Loge ein Zusammentreffen von Menschen verschie-
denster Schichten der Gesellschaft möglich machte und somit das wachsende

Interesse an Freiheit, Toleranz und individuellen Rechten förderte. Es scheinen ernstzunehmende Anzeichen dafür zu existieren, daß Freimaurer-Zusammenkünfte im Wien des achtzehnten Jahrhunderts eine einzigartige Anziehungskraft auf die klugen Köpfe der damaligen Zeit ausübten, weil ihnen sich hier eine Gelegenheit bot, der Zukunft die Hand zu reichen, ohne der Vergangenheit den Rücken zuwenden zu müssen.

Die Freimaurerei schloß eine Art geistiger Lücke. Es scheint logisch, daß derart starke und kreative Geister sich gegen die damals herrschende Einstellung auflehnten. Die Freimaurer gehörten zu den Ersten, welche die starre theologische Doktrin in Frage zu stellen wagten und die fortdauernde Einschränkung des eigentlichen Glaubens anzweifelten. Es war eine Art geistiger Darwinismus, ein sich entwickelndes Konzept, welches zwar bestehende Kirchen anerkannte, jedoch neues Wachstum am alten Stamm förderte, und dies zu einem Zeitpunkt, als unbedingter Gehorsam gegenüber den alten Traditionen erwartet wurde, um universellen und ewigen Konzepten Daseinsberechtigung, Würde und Macht zu verleihen. So schien es selbstverständlich, daß man nach Symbolen der Freimaurerei aus vorchristlicher Zeit suchte. Diesem Vorhaben kamen die Bräuche und Weisheiten Ägyptens und der Antike, die edelsten und erhabensten aller heidnischen Kulturen, auf idealste Weise zu Hilfe. Vielleicht sollte man betonen, daß sich die Freimaurer der neuen Welt der Erkenntnis und später dem gravierenden Wandel durch die industrielle Revolution mit äußerster Vorsicht näherten, denn diese Annäherung geschah auf rein philosophischer Basis unter Beibehaltung der Bindungen zur geheiligten Vergangenheit, was absolute Diskretion bedeutete. So ist es nicht verwunderlich, daß Künstler – einerseits von tiefem Glauben erfüllt, andererseits von feurigen Ideen beseelt – und hier denke ich insbesondere an die großen Komponisten Haydn, Mozart und Beethoven – sich auf eine Lehre stürzten, die dem einzelnen das Recht zusprach, sowohl die Entwicklungen als das Wagnis vorchristlicher Zeit zu bejahen, aber auch den angeborenen Drang des Menschen in seiner ewigen Suche nach Vervollkommnung und Erkenntnis zu entsprechen." (Auszug)

„ALLE GEHEIMNISSE dieses Männerbundes liegen in vollkommener Offenheit vor uns. Nur – wir stoßen uns gegen sie ab, vom Stein bis zum Seher.

Da gibt es kein Geheimnis an sich, es gibt nur die Uneingeweihten aller Grade."

CHRISTIAN MORGENSTERN (1871–1914), deutscher Schriftsteller, Lyriker und Verfasser von Kabarettexten, wurde auch bekannt durch seine Sprachgrotesken „Galgenlieder", „Palmström" und „Der Gingganz".
Sein Denken war beeinflußt von Nietzsche und Rudolf Steiner.

„UND WENN AUCH immer die ganze Maurerei heute nichts anderes wäre als ein stiller Versuch, die Seelen der Menschen ohne dogmatischen Zwang zu einigen und dadurch in ihnen die Kraft und die Schönheit zu fördern, welche unschätzbaren Verdienste hätte sie schon dadurch gewonnen!"

ALFONS MUCHA (1860–1939), Tschechischer Grafiker und Maler aus Böhmen, der u. a. auch das Staatswappen und die Banknoten der Republik entwarf.

„DAS, WAS MOZART zur Freimaurerei führte, war nach den extensiven Wanderungen seines Lebens nichts weiter als die Besinnung auf sich selbst, auf seine wahre Natur und hiermit die Schaffung eines eigenen, persönlichen Stiles.

Das war der Sinn des Eintritts Mozarts in den Bund der Freimaurer, die Krönung unseres Meisters."

PAUL NETTL (geb. 1889 in Ostböhmen), Musikhistoriker, war Musikdirektor des deutschen Rundfunks in Prag, emigrierte 1939 in die USA, wo er Professor an der Indiana University in Bloomington war und Veröffentlichungen über Mozart und Beethoven herausbrachte, u. a. „Mozart und die Königliche Kunst". Er starb am 8. 1. 1972.

„BRÜDER ALLER NATIONEN! BAUMEISTER DER ZUKUNFT!

WIR WOLLEN alle Vorurteile, allen Haß, Hader und Habgier, alle kriegerischen Instinkte, allen törichten Rassen- und Nationaldünkel aus unseren Herzen und Hirnen reißen, denn sie sind Reste vergangener Kulturstufen und für die Gegenwart und Zukunft schädlich. Wir wollen die Gemeinschaft der Menschen freudig als die Grundlage unserer Sittlichkeit anerkennen, denn wir sind alle Menschen, gleicher Art und gleichen Wesens. Wir wissen, woher wir kamen; wir ahnen, wohin wir gehen und wir sind Mittler zum Leben, meine Brüder.

Wir wollen Mitkämpfer, Förderer und Führer all jener Bewegungen sein, in denen ein freies Menschentum nach sinnvoller Gestaltung des Daseins strebt, sei es in bewährten alten, sei es in unseren neuen Formen.

Werden Menschen neuer Lebensanschauung ihrer Überzeugung willen verfolgt, so muß der Bund seine Streiter auf den Plan senden, um zu schützen oder nach Kräften zu stützen."

CARL VON OSSIETZKY in einer seiner Logenreden, aufgezeichnet von Prof. Walter Berendsohn.

„UNSER GEIST ist dem Parteienwesen abgeneigt, weil in ihm die Entzweiung lauert. Und doch muß er sich gegen die Tatsachen erheben. Er muß ein Empörer schlechthin sein, selbst dann, wenn er Ordnung schafft. Denn der Freimaurer begreift das Leben als eine Unordnung, der er ein Ende zu setzen hat. In der heutigen Welt aber braucht er sich keine große Mühe zu geben, um Anlässe für die praktische Betätigung seines Ordnungssinnes zu finden. Der Schauplatz der Politik bietet ihm nicht endenden Stoff.“

CARL VON OSSIETZKY

Carl von Ossietzky kurz nach seiner Aufnahme in
die Loge „Menschentum“:

„DIE STIMMUNG allein vermag wenig; ausschlaggebend ist allein die Verdichtung
zum Willen;
        Wir brauchen Baumeister, Wegweiser.
        Der Friede hängt nicht allein von Staatsverträgen ab, sondern erfordert eine
besondere Gesinnung, eine durchaus aparte Geistesverfassung, eine Mentalität,
die nicht passiv ist, sondern aktiv, die unermüdlich Baustein an Baustein fügen
muß.“

CARL VON OSSIETZKY, deutscher Publizist, geboren 1889 in Hamburg, dortselbst in der Loge „Men-
schentum“ im April 1919 zum Freimaurer aufge-
nommen.
Carl von Ossietzky war Mitglied der Deutschen
Friedensgesellschaft und Chefredakteur der Zeit-
schrift „Die Weltbühne“. 1933 wurde er von der
GESTAPO verhaftet. 1935 erhielt er den Friedens-
nobelpreis. Seitens des NS-Regimes wurde ihm
Haftentlassung zugesagt, wenn er den Friedensno-
belpreis nicht annehme. Doch er meinte, mit der
Annahme seinem Volke besser nutzen zu können.
Am 4. Mai 1938 starb er im Berliner Krankenhaus
Nordend an dem in der KZ-Haft zugezogenen
Lungenleiden.

„ZWEIFELLOS HABEN die menschenfreundlichen und großzügigen Bestrebungen
der Freimaurer, ihr Kampf gegen Aberglauben und Gewissensenge, die idealen
Grundsätze gegenseitiger Förderung und Gleichberechtigung das empfindsame
Gemüt Mozarts lebhaft gewonnen."

BERNHARD PAUMGARTNER (1887–1971), Direktor des Salzburger Mozarteums.

„DAS FREIMAURERISCHE IDEAL ist es, das die neue Ethik aus Schutt und Schlakken wieder ans Sonnenlicht bringt.

Alle freimaurerischen Symbole, Handlungen und Lehren ruhen auf allgemeiner und menschlicher Grundlage. Sie stehen vom Lehrlingsgrad bis zum Meistergrad im engsten Zusammenhang und bilden ein fest geschlossenes, unschwer erkennbares System autonomer Moral, humaner Erziehung und Anregung zu gemeinnütziger, auf dem Prinzip der Solidarität gestellter Wirksamkeit, eine geistig-sittliche Harmonielehre in vollendeter Form."

„DAS VORZÜGLICHE ERZIEHUNGSMITTEL der Freimaurer ist ihre Symbolsprache, abgesehen von dem noch wirksameren Vorbild. Sie ist die Sprache der Dichter und Denker und ist jedem Bildungsgrad verständlich. Sinnbildlichkeit ist zeitlos und darum etwas Bleibendes, wo sonst der Wechsel herrscht.

Die Symbolsprache ist selbst für den einfachen Verstand einleuchtend, gemütsanregend und den Willen zum Guten erregend. Das beweist sich auch dadurch, daß die besten deutschen Denker und Dichter diese Symbolsprache zum willkommenen Anlaß nahmen, sich in die ewigen Menschheitsgedanken zu vertiefen."

RUDOLPH PENZIG (1855–1931), deutscher Schriftsteller, Stadtrat in Berlin, Vorsitzender der „Deutschen Gesellschaft für ethische Kultur" sowie Gründer der „Liga für weltliche Schule und Moralunterricht".

„FREIMAUREREI IST kein zweckbestimmtes Programm, sondern ein sinnerfülltes Gebilde, ihr Geist kann nur unvollkommen in Begriffen ausgesprochen, er muß in ihrer Arbeit, ihrem Ritual, ihrer Legende erlebt werden. Deshalb sind auch die geschichtlichen Wirkungen der Freimaurerei so unermeßlich – unermeßlich im doppelten Sinn des Wortes: im Sinne des Umfänglichen und des in seinem Umfange nicht genau Bestimmbaren. „Die wahren Taten der Freimaurer", sagt Lessing in ‚Ernst und Falk‘, „sind so groß, so weit aussehend, daß ganze Jahrhunderte vergehen können, ehe man sagen kann: das haben sie getan."

Solche Taten gehen nicht unmittelbar von der Loge aus, sie kommen vielmehr aus dem Geist, mit dem sie ihre einzelnen Mitglieder erfüllt, und dieser Geist mischt sich fast ununterscheidbar mit dem Zeitgeist, besonders wenn dieser so sehr Geist vom Geiste der Freimaurer ist, wie er es in dem großen Jahrhundert der Aufklärung war, in welchem die Freimaurer nur die vorderste Schlachtreihe stellten in dem Kampf für die gemeinsamen Ideale dieses Zeitalters."

GUSTAV RADBRUCH, der 1949 verstorbene Strafrechtler, Rechtsphilosoph und Reichsjustizminister, setzte sich in einer geistvollen Studie mit dem Rechtsdenken innerhalb der Freimaurerei auseinander.

Gustav Radbruch war einer der bedeutendsten Rechtsdenker deutscher Sprache in unserem Jahrhundert, ein Jurist von Weltgeltung. Die Gesamtausgabe seiner Werke umfaßt 20 Bände.

„DIE SCHICKSALSSTUNDE weht nicht über Schlachten und Konferenzen, Brand und Löschung, sondern über der Bauhütte, über ihren Meistern und Gesellen, dem Geheimnis ihres Grund- und Aufrisses und dem Geist der Gemeinschaft."

WALTHER RATHENAU, deutscher Politiker und Publizist, wurde 1867 in Berlin geboren. Er war Aufsichtsratsvorsitzender der AEG, 1920 Wiederaufbauminister, 1922 Außenminister und trat für eine Zukunftsgesellschaft jenseits von Sozialismus und Kapitalismus ein. Er wurde am 24. Juni 1922 von Rechtsradikalen ermordet.

WERKLEUTE

WERKLEUTE sind wir: Knappen, Jünger, Meister,
Und bauen Dich, du hohes Mittelschiff,
Und manchmal kommt ein ernster Hergereister
Und zeigt uns zitternd einen neuen Griff.

Wir steigen in die wiegenden Gerüste,
In unsern Händen hängt der Hammer schwer,
Bis eine Stunde uns die Stirne küßte,
Die strahlend und, als ob sie alles wüßte,
Von dir kommt, wie der Wind vom Meer.

Dann ist ein Hallen von den vielen Hämmern,
Und durch die Berge geht es Stoß um Stoß.
Erst wenn es dunkelt, lassen wir dich los;
Und deine kommenden Konturen dämmern.
Gott, du bist groß!

RAINER MARIA RILKE (geb. am 4. 12. 1875 in Prag,
gest. am 29. 12. 1926 in Val-Mont).
Österreichischer Dichter. Er galt als der einfluß-
reichste deutschsprachige Lyriker, in dessen Ge-
dichten oftmals die Bausymbolik im freimaurerischen Sinne vorkommt, obwohl Rilke nachweis-
lich dem Freimaurerbund nicht angehörte.

„AM ENDE des zwanzigsten Jahrhunderts ist hinsichtlich des Selbstverständnisses der Freimaurerei davon auszugehen, daß sich das Bild ihres Bundes im wissenschaftlichen und öffentlichen Bewußtsein konkretisiert hat. Namhafte Gelehrte wie Konselleck und Reinalter haben in historischen Studien gezeigt, daß Freimaurer beim Entstehen des modernen Europa einen unübersehbaren Beitrag geleistet haben. Sie brauchen sich ihrer Vergangenheit nicht zu schämen.

In einer Welt rassistischen und fundamentalistischen Wahns wird es ihnen auch künftig an Aufgaben nicht fehlen, die sie, frei von Vorurteilen und Aberglaube, zu meistern haben. Noch ist der Bau unvollendet."

ALFRED SCHMIDT, geb. 1931, Philosoph, Professor, lehrt seit 1972 als Nachfolger Max Horkheimers an der Philosophischen Fakultät der Johann-Wolfgang-von-Goethe-Universität in Frankfurt.

„ICH HABE mich viel mit der Geschichte des Freimaurerordens beschäftigt und in meinem Werke ‚Kultur und Ethik' die Bedeutung, die er für das Entstehen der europäischen Kultur gehabt hat, gewürdigt.

Ich bin überzeugt, daß er in der Aufrechterhaltung derselben in unserer und der kommenden Zeit etwas zu bedeuten hat, weil er das Freisinnige und Ethische miteinander vertritt, das, was unsere Kultur ausmacht."

ALBERT SCHWEITZER (1875–1965), Theologe, Arzt, Kulturphilosoph, Organist und Schriftsteller, „Urwaldarzt". 1951 wurde er in der Frankfurter Paulskirche mit dem Friedenspreis des deutschen Buchhandels ausgezeichnet.

AUS DER REDE DES STANDESBEAMTEN
IM RATHAUS DER STADT LEXINGTON

„WIE ICH VON Ihrer Tochter, lieber Doktor Lindhout, gehört habe, sind Sie Freimaurer. Nun, und da halte ich es für passend, noch folgendes zu sagen: Was ist Freimaurerei?

Lassen Sie mich auf diese Frage mit wenigen Zitaten aus freimaurerischen Texten antworten. Der Meister vom Stuhl, nicht wahr, Doktor Lindhout, der Vorsitzende der Loge also, fragt vor der feierlich versammelten Gemeinschaft: ‚Bruder Erster Aufseher, warum nennen wir uns Freimaurer?‘ Und der Erste Aufseher antwortet: ‚Weil wir als freie Männer an dem großen Bau arbeiten, Ehrwürdiger Meister.‘ Der Meister fragt weiter: ‚An welchem Bau, mein Bruder?‘ Und der Erste Aufseher antwortet: ‚Wir bauen den Tempel der Humanität.‘ Und der Meister fragt den Zweiten Aufseher: ‚Bruder Zweiter Aufseher, welche Bausteine brauchen wir dazu?‘ Und der Zweite Aufseher antwortet: ‚Die Steine, derer wir bedürfen, sind die Menschen!‘ Und der Meister fragt: ‚Was ist notwendig, um sie fest miteinander zu verbinden?‘ Und der Zweite Aufseher antwortet: ‚Die schöne reine Menschenliebe, die Brüderlichkeit aller!‘ … Soweit dieser Text.“

Der Standesbeamte räusperte sich. „Es wird also symbolisch ein Tempel der Menschlichkeit gebaut. Sinnbildlich steht für ihn der Salomonische Tempel. Und gebaut wird mit Menschen als Bausteinen – der ‚rauhe Stein‘ des Alltagsmenschen soll in der Arbeit des Freimaurers zum vollkommenen Kubus werden, der sich mühelos einfügt in das Quaderwerk des Tempelbaus, denn diesen – so der Text – leitet Weisheit, führt Stärke aus und krönt Schönheit …“ Plötzlich hörte Lindhout den Standesbeamten nicht mehr, der weitersprach …

„… wollten keine kirchliche Hochzeit, sondern eine standesamtliche“, drang wieder die Stimme des Beamten an Lindhouts Ohr. „Und dennoch, so meine ich, ist sie auch eine religiöse, nämlich ‚in dem Sinn von Religion, in der alle Menschen übereinstimmen‘, wie es in Ihren ‚Alten Pflichten‘ heißt …“

… Der Standesbeamte hatte weitergesprochen: „… oder, der Definition der Londoner Großloge zufolge – Sie sehen, ich habe mich auf diesen Tag vorbereitet – versteht Freimaurerei sich als ein ‚eigenständiges System der Moral, eingehüllt in Allegorien und erhellt durch Symbole, das lehrt, Wohltätigkeit und Wohlwollen zu üben, die Sittenreinheit zu hüten, dem Schwachen beizustehen, den Blinden zu leiten, die Waisen zu beschützen, die Niedergetretenen zu erheben, die Regierung zu unterstützen, Tugend zu verbreiten und Wissen zu vermehren, die Menschen zu lieben und auf Glückseligkeit zu hoffen …‘“

DAS GESPRÄCH MIT DEM VERSTÖRTEN KIND NAMENS TRUUS

„DEIN VATER ist Freimaurer gewesen, ich habe dir genau erklärt, was das ist, und du hast es verstanden!"

Truus trat wieder voll Zorn gegen das Tischbein.

„Genau verstanden hast du es! Denk an die vielen Male, in denen wir alle nach Schweden zu seinen Eltern gefahren sind, dein Vater, deine Mutter, meine Frau und ich! War das nicht schön? Antworte mir! War das nicht schön?"

Kaum hörbar antwortete das Kind: „Doch, das war schön. Damals! Alles war schön, damals, aber heute ist nichts mehr schön!" Unbeirrt hatte Lindhout weitergesprochen: „Der Vater deines Vaters, dein Großvater, ist auch Freimaurer gewesen. Hast du den Ring an seinem Finger nicht immer bewundert? Und hast du nicht am meisten das ,Symbolum' geliebt und liest es noch immer? Willst du nicht, daß ich dir jeden Abend, bevor du einschläfst, einen Vers davon vorspreche? Weil es ein Freimaurergedicht ist?"

Truus schwieg verstockt … „Das ,Symbolum' ist ein Freimaurer-Gedicht!" wiederholte Lindhout. „Auch Goethe ist Freimaurer gewesen! Freimaurer sind Menschen, die das Gute und das Schöne und das Gerechte lieben – vor allem das Gerechte, Truus …"

JOHANNES MARIO SIMMEL. Aus dem Vierten Buch seines Romans „Wir heißen euch hoffen", betitelt „Des Maurers Wandeln".
Johannes Mario Simmel (geb. in Wien am 7. April 1924), österreichischer Schriftsteller, der eng mit dem Cheflektor Fritz Bolle, Mitglied der Münchner Loge „Zur Kette", zusammenarbeitete. Simmel ist einer der populärsten zeitgenössischen deutschsprachigen Romanautoren und erhielt im Jahre 1981 in Baden-Baden den „Kulturpreis deutscher Freimaurer".

„JEDER IST, wenn auch nicht in dem Maße, so doch der Art nach berührt von den Einrichtungen, unter denen er lebt, und hat dasselbe Recht, sein Urteil auszusprechen, auch wenn das Gewicht seines Urteils nicht auf der Höhe sein mag, wie das anderer.

Jeder ist in gleicher Weise eine Persönlichkeit und ist berechtigt, in gleicher Weise seine Fähigkeiten zu zeigen, mögen sie groß oder gering sein.

Das Vorhandensein der natürlichen und seelischen Ungleichheit veranlaßt uns, ein moralisches Gesetz der Gleichheit zu schaffen. Sonst werden allzu leicht die Minderbegabten zu Unterdrückten. Die von den Freimaurern vor der großen Französischen Revolution ausgegebene Parole von der Freiheit und der Gleichheit bedarf auch heute noch der Verwirklichung."

MANÈS SPERBER, französischer Schriftsteller österreichischer Herkunft, geb. 1905, emigrierte 1933 nach Frankreich und setzte sich entschieden gegen den Totalitarismus ein. Er war Verlagsdirektor und wurde für seine Publikationen 1975 mit dem Georg-Büchner-Preis ausgezeichnet.

„Die Freimaurerei ist wie ein Frackhemd: rein – gestärkt – schön."

Leo Slezak (1873–1946), Sänger, Schauspieler, Schriftsteller, 1901–1921 Mitglied der Wiener Staatsoper, Mitglied einer Wiener Loge, schrieb etliche Bücher und war später auch Filmdarsteller.

„ZU MEINER positiven Einstellung dem Judentum gegenüber wurde ich ausgerichtet und bestärkt durch die Freimaurerei, die nur den Menschen wertet und nicht das Volk, dem er zugehört oder gar der Rasse.

Freimaurer zu sein heißt auch, aus freiem Willen und aus dem Gewissen heraus das wiedergutzumachen, was man verschuldete, aber auch dort mit am Aufbau zu helfen, wo man im Augenblick gebraucht wird."

AXEL SPRINGER, geb. am 2. Mai 1912 in Hamburg, zunächst Buchverleger, dann Verleger zahlreicher Zeitungen, in einem Brief an den Meister vom Stuhl seiner Loge.
Er wurde am 4. Oktober 1958 in der Loge „Die Brückenbauer" zum Freimaurer aufgenommen.

Spitteler

„OFT WIRD behauptet, die Welt bewege sich auf verschiedenen Wegen auf den Kollektivismus zu, der der menschlichen Persönlichkeit feindlich gegenübersteht und sich den Menschen unterwürfig machen will. Dabei wird das Zentrum des menschlichen Bewußtseins in die Kollektivitäten verlegt.

Das Prinzip der Unterwerfung des persönlichen Urteils unter das der Kollektivitäten ist sehr alt. Ähnliches hat es schon immer gegeben. Nur sehr wenige Menschen wagten persönliches Urteil, echte Geistesfreiheit und eine eigentümliche persönliche Originalität.

Das Prinzip der Freiheit im geistigen Sinn ist aristokratisch, und es waren immer nur wenige, die für diese Werte eintraten. Wohl läßt sich eine gerechtere soziale Ordnung der Gesellschaft organisieren, nicht aber eine brüderlich geeinte Gesellschaft, wie sie in den Logen angestrebt wird.

Eine Gemeinschaft von Brüdern setzt immer ein gesundes Verhältnis von Persönlichkeit zu Persönlichkeit voraus."

CARL SPITTELER (1845–1924), schweizer Dichter, dessen Gedanken den Gegensatz von Geist und Macht herausstellten und der ein ästhetisches Elitebewußtsein vertrat.

„DER ENDZWECK aller Kultur muß es sein, das, was wir Politik nennen, über-flüssig zu machen, jedoch Wissenschaft und Kunst der Menschheit unentbehr-lich zu machen, so wie es einst der Dichter Lessing in seinen ‚Gesprächen für Freimäurer‘ forderte."

ARTHUR SCHITZLER (1862–1931), österreichischer Schriftsteller, einer der vor 1914 meistgespielten Dramatiker, Kritiker der dekadenten Gesellschaft seiner Zeit.

„… ZU EINEM KREIS gleichgesinnter Menschen zu gelangen, die in unserer an Materialismus, Hast und Unruhe sich zermürbenden Zeit sich das Reich allgemeinen Menschentums, innere Besinnlichkeit und Geistigkeit zu erhalten suchen. Im deutschen Freimaurertum hoffe ich, eine solche Gemeinschaft zu finden."

GUSTAV STRESEMANN (1878–1929). Auszug aus dem Aufnahmegesuch Stresemanns, der zu jener Zeit Deutscher Reichskanzler war.
Er überwand die Ruhrbesetzung, führte das Deutsche Reich als gleichberechtigtes Mitglied in den Völkerbund ein und strebte eine Revision des Versailler Vertrages an. 1926 wurde ihm der Friedens-Nobelpreis verliehen.
Seine Aufnahme zum Freimaurer fand in der Berliner Loge „Friedrich der Große" statt. Oft hat Stresemann zur Feder gegriffen und seine Verbundenheit zur Freimaurerei zum Ausdruck gebracht.

„DER GÖTTLICHE BAUMEISTER der Erde hat die Menschheit nicht geschaffen als ein einförmiges Ganzes. Er gab den Völkern verschiedene Blutströme, er gab ihnen als Heiligtum ihrer Seele ihre Muttersprache, er gab ihnen als Heimat Länder verschiedener Naturen.

Aber das kann nicht der Sinn einer göttlichen Weltordnung sein, daß die Menschen ihre nationalen Höchstleistungen gegeneinander kehren und damit die allgemeine Kulturentwicklung immer wieder zurückwerfen.

Der wird der Menschheit am meisten dienen, der, wurzelnd im eigenen Volk, das ihm seelisch und geistig Gegebene zur höchsten Bedeutung entwickelt, und damit, über die Grenze des eigenen Volkes hinauswachsend, der gesamten Menschheit etwas zu geben vermag, wie es die Großen aller Nationen getan haben, deren Namen in der Menschheitsgeschichte niedergeschrieben sind. So verbinden sich Nation und Menschlichkeit auf geistigem Gebiet, so können sie sich auch verbinden im politischen Streben, wenn der Wille da ist, in diesem Sinne der Gesamtentwicklung zu dienen."

Auszug aus der von freimaurerischem Geist getragenen Rede Gustav Stresemanns vor der Vollversammlung des Völkerbundes in Genf 1926.

„DIE DREI GROSSEN LICHTER der Freimaurerei

WEISHEIT – STÄRKE – SCHÖNHEIT

sind auch die drei großen Lichter der Kosmosophie.
Was könnte uns auf der körperlichen Ebene
Beglückenderes werden als Stärke – aus Gesundheit?
Was könnte uns auf der seelischen Ebene Köst-
licheres erblühen als seelische Schönheit?
Was könnte uns auf der geistigen Ebene Erha-
beneres aufleuchten als Weisheit?"

RUDOLF STEINER (1861–1925), Begründer der An-
throposophie, gehörte zunächst dem Freimaurer-
bunde an und hielt zahlreiche Informationsvorträge
in der Öffentlichkeit. Er übte einen weitreichen-
den Einfluß auf das allgemeine Kulturleben aus.

„… WIE WENIG noch übrig geblieben ist von den esoterischen Institutionen, die doch einmal ein physiognomischer Abdruck waren höherer Welten. In Wahrheit sollen die drei symbolischen Grade: Lehrling, Geselle, Meister die drei Stufen ausdrücken, auf denen der Mensch im Geiste sich selbst, d. h. sein Selbst innerhalb des Menschentypus findet. Und die Hochgrade sollten die Erhebung stufenweise andeuten, durch die der Mensch ein Erbauer am Menschheitstempel wird."

RUDOLF STEINER in einer seiner Freimaurerreden.

„Von dem Augenblick an, wo ich glaubte, dem Tode ins Auge zu sehen, als mein Leben zum zweiten Male gerettet wurde, erkannte ich den Weg. Es wurde mir klar, wie kurz unsere Wanderung ist. Wer das wirkliche Leben will, der muß auch vom Tode wissen. Nur dadurch ist er imstande, das Wesentliche vom Unwichtigen zu unterscheiden.

In der Stunde, da einem Menschen das Leben zum zweiten Mal geschenkt wird, wird das Leben zu einem Wunder für ihn. Er sieht, wie vergänglich alles Materielle ist, und er versucht, einen geistigen Weg für sein Leben zu finden. Er ist entsetzt über die Zustände, in denen wir leben, aber weil seine Sehnsucht groß genug ist, hat er die Hoffnung, mit an der Veränderung zu arbeiten. Es ist die Tragödie unserer Zeit, daß wir uns von der Materie abhängig gemacht haben. Wir befinden uns in ihrem Gefängnis, sie ist unser Diktator geworden. Unser Blick ist nur darauf gerichtet, sie zu beherrschen. Wir spalten sie, ohne zu ahnen, in welche neuen Gefahren sie uns bringt. Wir sind nur auf unseren eigenen Nutzen bedacht. Die meisten sind bereit, alle Rollen zu spielen, alle Masken zu tragen, um Erfolge zu erringen. Sie flüchten vor sich, weil sie den Platz nicht ausfüllen wollen, auf den sie das Leben gestellt hat. Sie gebrauchen alle Energie, um sich soviel Wissen wie möglich anzueignen, weil sie dadurch glauben, Macht zu haben. Aber Wissen ist keine Bildung.

Dieses Zweckstreben hat es ermöglicht, daß alle Nationen ihre Vernichtungswaffen herstellen können. Es hat den Menschen von seinem eigentlichen Ziel entfernt. Er hat das Vertrauen zu sich selbst verloren; dadurch ist er nicht imstande, Vertrauen zu schenken.

Viele versuchen, das Leben zu planen und im Voraus auszurechnen. Die Aufgabe des Menschen ist es aber, es zu leben und sich zu bewähren. Wer erlebt hat, wie schnell man alles verlieren kann, der weiß, daß es Werte gibt, die man auch mit Gold nicht kaufen kann.

Wir leben in einer Zeit ohne Vorbild. Eigentlich müßte es unser Ziel sein, den Platz für den Menschen zurückzuerobern. Aber wir beurteilen den Menschen nur nach seinen Fertigkeiten, nicht mehr nach seinen Fähigkeiten. Wir wissen nichts mehr von der menschlichen Ausstrahlung und ihrer versöhnenden Kraft.

Je mehr ein Mensch weiß, desto demütiger ist er, und der wirklich Religiöse ist immer tolerant. Er vermag den Glauben des anderen so zu respektieren, wie er jedem Menschen Verständnis entgegenbringt. Kirchenstreit verdeutlicht daher nur, daß die Menschen der betreffenden Kirchen nicht religiös genug sind.

Das Bewußtsein des Todes möchten wir am liebsten aus der Welt schaffen. Darum suchen wir überall nach Möglichkeiten, uns zu zerstreuen, abzulenken; aber wir vermögen nur die Situation zu verändern, wenn wir wieder imstande sind, uns zu sammeln.

Der Mensch, der das Ziel seines Lebens nur im Besitz sieht, kennt nur das Streben nach mehr Einfluß und mehr Macht. Er hört nicht auf sein Gewissen. Ihm ist jede ethische Haltung fremd. Aber nur durch ethisches Denken vermögen wir Menschlichkeit zu erreichen.

In jedem einfachen Menschen lebt die Sehnsucht, etwas zu tun, das größer ist als er selbst. Der einfache Mensch kann noch seinem Instinkt vertrauen. Durch

seinen Kampf und seinen Opferwillen ist schon vieles erreicht worden, was wir heute als selbstverständlich hinnehmen. Die Organisationen können seine Interessen wahrnehmen. Sie können vieles für ihn ordnen. Damit er aber sich selbst erfüllen kann, müssen wir dafür sorgen, daß er wachsen kann, damit er seine nur ihm eigenen Eigenschaften entwickelt.

Wir haben ein Tempo eingeschlagen, das uns vom Wesentlichen wegführt. Wir folgen einem Wettlauf, um zuerst anzukommen. Uns fehlt die Einstellung zu den geistigen Werten, zu denen wir streben müssen, denn der Mensch vertraut nicht mehr seinen Augen, nicht mehr dem, was er hört und sieht; er verlangt den Examensbeweis. Solange wir alles davon abhängig machen, fürchten wir uns vor unserer eigenen Verantwortung. Es muß unsere Aufgabe sein, mit eigenen Augen, durch unser eigenes Denken und Gefühl den Menschen wieder zu werten und ihm zu vertrauen. Wir müssen versuchen, die unentdeckten menschlichen Kräfte zu gebrauchen. Nur dadurch wird eine Veränderung des Denkens möglich.

Der einzelne kann zur Veränderung in der Gemeinschaft beitragen. Ein einfacher, schlichter, demütiger Mensch ist in sich so gefestigt, daß er sich nicht so schnell verlocken läßt. Verlocken von all dem Oberflächlichen und Überflüssigen, mit dem so viele ihre kostbare Lebenszeit vertun.

Wir müssen versuchen, zu uns zurückzufinden, in uns hineinzulauschen, um die Kraft zu gewinnen, wieder mit anderen Menschen in ein gutes, hilfreiches Gespräch zu kommen.

Alles wirkliche Leben ist immer nur ein Zueinander und Miteinander.

Die große Bruderschaft der humanitären Freimaurer in Deutschland hilft durch ihre hingebende Arbeit, die Menschen unserer Gesellschaft diesen Zielen näherzubringen."

MAX TAU, Cheflektor und Schriftsteller, erhielt Ende Mai 1966 als erster den „Literaturpreis Deutscher Freimaurer". Er wurde am 19. 1. 1897 in Beuthen/Oberschlesien geboren, emigrierte 1938, erhielt 1950 den „Friedenspreis der deutschen Verleger", schrieb etliche Bücher menschen- und völkerversöhnenden Charakters. Er starb am 13. 3. 1976 in Oslo.

„DIE FREIMAURER waren für mich immer die Pioniere für den Frieden. Denn sie versuchten, aus ihrem Bruder die besten Eigenschaften herauszuheben. Und sie wußten auch: es gibt keine Freiheit ohne die Verantwortung für den Mitmenschen. Daher laßt uns gemeinsam versuchen, dem Ideal der Freimaurer zur Wirklichkeit zu verhelfen. Lassen Sie uns alle gemeinsam teilnehmen an dem Bau eines Tempels, in dem alle Konfessionen und alle Menschen Brüder werden sollen. Denn ohne die allumfassende Bruderschaft vermögen wir den Frieden nicht zu sichern, nach dem die ganze Menschheit sich sehnt."

Aus der Dankesrede, die Dr. Max Tau am 22. Mai 1966 in Hamburg vor Freimaurern hielt. Einige Jahre darauf ließ sich Max Tau in Kiel zum Freimaurer aufnehmen.

Erich Ludendorff, im Ersten Weltkrieg Generalstabchef, und seine Frau Mathilde gehörten zu den erbittertsten Gegnern der Freimaurer. Ihre Hetze gegen Juden und Freimaurer kannte keine Grenzen. Hinter allem Unheil der Welt witterte der Exgeneral das „finstere Wirken der Freimaurer". KURT TUCHOLSKY, Mitglied der Berliner Loge „Zur Morgenröte", machte auf Ludendorff nachstehendes Gedicht:

„ALLES UNHEIL IST DAS WERK DER ∴ ∴ BRÜDER" (LUDENDORFF ODER DER VERFOLGUNGSWAHN)

HAST DU ANGST, Erich? Bist du bange, Erich?
Klopft dein Herz, Erich? Läufst du weg?
Wolln die Maurer, Erich – und die Jesuiten, Erich,
dich erdolchen, Erich – welch ein Schreck!
    Diese Juden werden immer rüder.
    Alles Unheil ist das Werk der ∴ ∴ Brüder.
Denn die Jesuiten, Erich – und die Maurer, Erich –
und die Radfahrer, die sind schuld
an der Marne, Erich – und am Dolchstoß, Erich –
ohne die gäbs keinen Welttumult.
    Jeden Freitagabend spielt ein Kapuziner
    mit dem Papste Skat – dazu ein Feldrabbiner;
    auf dem Tische liegt ein Grand mit Vieren –
    dabei tun sie gegen Deutschland konspirieren …
    Hindenburg wird älter und auch müder …
    Alles Unheil ist das Werk der ∴ ∴ Brüder.
Fährst du aus dem Schlaf? Die blaue Brille
liegt auf deinem Nachttisch wohl bereit?
Hörst du Stimmen?
    Das ist Gottes Wille,
Ludendorff, und weißt du, wer da schreit –?
    Hunderttausende, die jung und edel
    sterben mußten, weil dein dicker Schädel
    sie von Grabenstück zu Grabenstück gehetzt
    bis zuletzt.
Ackerkrume sind, die Deutschlands Kraft gewesen.
Pack die Koffer! Geh zu den Chinesen!
Führ auch die bei ihren Kriegen!
Ohne Juden wirst du gleichfalls unterliegen.
    Geh nach China! Und komm nie mehr wieder!
Alles Unheil ist das Werk der Heeresbrüder.

KURT TUCHOLSKY (1890–1935), politischer Publizist, Pazifist, wurde 1924 in Berlin zum Freimaurer aufgenommen. Am 15. 2. 1926 „affiliierte" er bei der Pariser Loge „Les zélés philantropes". Der stets gegen Spießertum und Militarismus kämpfende Tucholsky wurde 1933 ausgebürgert, nachdem er die Nie-wieder-Krieg-Bewegung gegründet hatte.

„REICHT DIE Bruderhand als schönste aller Gaben –
übern Graben, übern Graben …"

Aus einem Gedicht von KURT TUCHOLSKY

„26. März 1925

Auf Ihre Anfrage betr. Bruder Tucholsky gebe ich die Erklärung ab, daß es sich um einen ganz hervorragenden Menschen und wertvollen Bruder handelt, der Ihren Logen zur inneren Bereicherung dienen dürfte. Von unserer Seite wird gegen die Angliederung Bruder Tucholskys an eine Ihrer Logen nicht nur kein Einwand erhoben, sondern wir würden vielmehr in dieser Eingliederung einen neuen Beweis für die intime Freundschaft erblicken."

Dr. H. Lutz, Berlin W 57, Dep. Großmeister, in einem Empfehlungsschreiben an eine Pariser Loge.

WIR KARREN ERDE FÜR EIN FUNDAMENT

WERKLEUTE sind wir jener alten Zunft,
Die in den Hütten ihr Geheimnis hielt
Und Dome baute über dunkler Erde Brunft,
Erkennend ihn im heilgen Spiel und Bild.

Zu bauen an dem hohen Mittelschiff
Ist unserem Geschlecht verwehrt.
Verloren scheint der Riß, verlernt der Griff,
Mit dem die vor uns ihn verehrt.

Wir steigen nicht wie sie in das Gerüst,
Dem Himmel nähernd uns im lichten Blau.
Wir graben in die Gründe uns hinein und wüst
Und hart ist unser Weg und grau.

Wir karren Erde für ein Fundament
Vom Morgendämmern bis zur Ewigkeit,
Und manchmal nur sehn wir am Firmament
Das Wetterleuchten einer neuen Zeit.

Die Meister raunen von dem Ziel, das doch
Auch dieser Arbeit so wie uns gesetzt:
Das Widerlager für das schwere Brückenjoch
Zu sein: Werkmann und Sinnbild bis zuletzt!

Ruft uns zur Nacht Vorsteher und Parlier,
Erholung weisend in der Hütte Raum,
Dann stöhnen wir erschöpft und beten noch zu dir
Und spüren in der Kette unser Opfer kaum.

So werden wir Gesellen alt und müd
Und werden nie das Werk gewahr,
Das unser Schicksal ist und Sterbenslied:
Die Brücke in das neue Gottesjahr!

Und dennoch leben wir mit Mut und Fleiß
Wie jene vor uns, wissend um das Ziel,
Und lehren Werdende in unserm Kreis
Werkzeuge, Kunst und Gunst und Sinn und Spiel.

Sie setzen einst in das Gewölb den letzten Stein
Und decken ihre Hütte wieder dort,
Wo nach dem Brückenbau im hellen Tagesschein
Der neue Dom Bekenntnis wird und Wort!

> Theodor Vogel in Anlehnung an das Gedicht
> „Werkleute" von Rainer Maria Rilke.

„DER ABLAUF der freimaurerischen Ritualhandlungen findet seinen Sinn in der inneren Ordnung, die durch den Vollzug der äußeren Ordnung beschworen wird. Die freimaurerischen Symbole beinhalten zwar nicht mehr die magische Kraft, die ihnen einmal innegewohnt haben mag, aber sie sind dennoch Träger eines geistigen Prinzips, das während der sogenannten „Arbeiten" erlebt werden kann. Deshalb gebührt ihnen auch Ehrfurcht und Würdigung.

Die früheren Bauhütten (Logen), die ja das Haus Gottes zu bauen hatten, waren sich deshalb der weihenden Verpflichtung bewußt. Sie hielten keinen Gottesdienst, alles diente aber dazu, Gottes Ordnung zu würdigen und aufrechtzuerhalten. Daraus erklärt sich die Eigenart, die den freimaurerischen Ritualen innewohnt und die von Außenstehenden so schwer begriffen wird, welche immer wieder unterstellen, Freimaurerei sei eine Glaubensvereinigung und böte Religionsersatz.

Aber die freimaurerischen Rituale besitzen nur die Würde der Ordnung und fordern dafür Ehrung und Bewahrung. Es war immer das Bestreben der besten, ihre Mitwelt für das rechte Maß zu den Dingen in, um und über uns zu finden."

> Ansprache Theodor Vogels anläßlich des Empfangs
> beim Bundespräsidenten Heinemann.

BEKENNTNIS ZUR FORM

„WIR FREIMAURER WISSEN aus Jahrhunderten um die große Weisheit, daß die letzten Wahrheiten, die ewigen Dinge nicht in Worten sich sagen lassen, sondern nur in Bildern und Gleichnissen.

Gedanken sind zu allen Zeiten von den Menschen gedacht worden. Aber sie wehten dahin, vom Wind oder vom Sturm davongetragen, mit den Wolken ziehend über Wälder und Berge und ihr Ende findend im weiten Ozean oder in den endlosen Wüsten, wenn es denen, die sie dachten, nicht gelang, sie in ein Gefäß zu tun, ihnen Form und Gestalt zu geben. Für kleine Gedanken ein kleines Gefäß, für große Gedanken ein edler und kostbarer Kelch, wie jenes Kleinod des Amfortas.

Das ist die Erfahrung und Klugheit unseres Bundes: zu wissen, daß seine Ideen der Form bedürfen. Das ist sein Geheimnis, daß nur diese Form ihm Bestand gibt, nur sie ihm Bestand gab in allen Zeiten und ihm Bestand geben wird in den kommenden.

Darum bekennen wir Freimaurer uns zur Form, und darum ist für uns dieses Bekenntnis das Bekenntnis zu einer höheren Wirklichkeit in dieser gemeinen Wirklichkeit."

„WIR SOLLEN und müssen uns, die wir das Erbe der weltweiten Bruderschaft in uns tragen, mitten hineinstellen in eine veränderte Welt, die weithin richtungs- und führungslos geworden ist."

THEODOR VOGEL, Fabrikant, Schriftsteller, Handelskammerpräsident, erster Großmeister der geeinten deutschen Freimaurerei.
Theodor Vogel wurde am 31. 7. 1901 in Schweinfurt geboren, 1926 zum Freimaurer aufgenommen und starb am 9. 2. 1977.

„MIT DER HOCHSCHÄTZUNG der Gewissensfreiheit, mit der Respektierung der Überzeugung eines jeden Menschen, auch des Atheisten, wie sie feierlich vom letzten Konzil proklamiert wurden, hat die römisch-katholische Kirche auf einen Weg zurückgefunden, der für sie lange im Dunkeln lag und auf dem die Freimaurer ihr vorangegangen sind … Zu lange hat die katholische Kirche ignoriert, was ihr das Freimaurertum werbend oder in herber Kritik zu sagen hatte."

HERBERT VORGRIMLER. Professor für katholische Dogmatik an der Theologischen Fakultär Münster, der neben anderen Veröffentlichungen – gemeinsam mit Rolf Appel – das Buch „Kirche und Freimaurer im Dialog" schrieb.

„ICH BIN ÜBERZEUGT, daß unsere Welt und unsere Zeit erträglicher wäre, wenn die Grundsätze der Freimaurerei allgemein nicht nur Festtagsbekenntnis, sondern Praxis wären, sei es im Zusammenleben der Nationen, sei es im Bereich von Staat, Gesellschaft, Beruf und schließlich auch der Familie.

Die Freimaurer vermögen mit ihren auf das Allgemeinwohl gerichteten Aktionen gerade in der heutigen Zeit ein Beispiel zu geben."

HERBERT WEICHMANN, 1896 in Oberschlesien geboren, floh 1940 in die USA, wurde nach seiner Rückkehr 1965 zum Ersten Bürgermeister der Freien und Hansestadt Hamburg gewählt und trat 1971 in den Ruhestand.
Im Jahre 1978 hielt er eine Ansprache zum 200jährigen Jubiläum der Hamburger Loge „Zu den drei Rosen", in der auch Lessing und Matthias Claudius zu Freimaurern aufgenommen worden waren.

„DIE BRUDERLIEBE, das innige Gefühl des Zusammengehörens, das bewußte Zusammenrücken in der Verbrüderung ist das Band der Vollkommenheit. Die Bruderliebe öffnet die Herzen der einander Verschworenen, in denen der Himmel eines ewigen Lebens ist.

Wer keinen Menschen wie einen Bruder liebt und von keinem in gleicher Weise geliebt wird, der hat nie den Reichtum des Lebens erfahren, der kann nie hinausgehen über sich selbst."

FRANZ WERFEL, Österreichischer Schriftsteller, geb. 1880 in Prag, gestorben 1945 in Beverly Hills. Werfel emigrierte 1938; am bekanntesten von seinen Werken ist „Jacobowsky und der Oberst".

„Vom Standpunkt des einzelnen Mitglieds unseres weltweiten Bundes aus gesehen ist jeder von uns das Bruchstück, das Teil des Weltalls, ein einzelner Punkt im unendlichen Netzwerk der Kräfte und der kosmischen und der geschichtlichen Einflüsse, deren Gesetzen wir Menschen gehorchen.

Aber jeder einzelne ist zugleich eine Persönlichkeit, und als Persönlichkeit ist er den Sternen und Atomen nicht untertan, denn er lebt gänzlich von der Substanz seiner geistigen Seele, und diese ist in ihm ein Element der schaffenden Einheit, der Unabhängigkeit und der Freiheit."

Adrian Wettach (1880–1939), weltbekannt als Musikclown „Grock", war Mitglied einer Loge der Grande Loge de France.

DIE PFLICHT ZUR VERANTWORTUNG GEGENÜBER DER GESELLSCHAFT

DER DEUTSCHE Philosoph Ernst Bloch erkannte die Wirklichkeit unseres gegenwärtigen Lebens als rundum bedroht. Denn der Mensch hat in einem Ausmaß Fähigkeiten entwickelt, daß er imstande ist, die gesamte Existenz menschlichen Lebens zu vernichten. Dem setzte Bloch sein „Prinzip Hoffnung" entgegen, Hoffnung als dem Gewahrwerden von Möglichkeiten für eine Humanisierung des Lebens. Im gesellschaftlichen Zustand des „Noch nicht" wollte er den Menschen bereit machen, alle sich bietenden Möglichkeiten zu erkennen, um Menschlichkeit ausbreiten oder wenigstens erhalten zu können.

Am Rande der Hoffnungslosigkeit ein „Dennoch" entgegenzusetzen, die Trotzdem-Hoffnung aufzupflanzen, war seine Absicht. Kann das für einen Freimaurer genug sein?

Alles in allem gesehen, geht es dem westlichen Menschen unserer Zeit so gut wie noch nie zuvor. Und doch fühlt er sich unsicher und hat Angst vor seiner Zukunft. Dreihundert Jahre hindurch hat der westliche Mensch an den unaufhörlichen Fortschritt des Wachstums und der Wohlstandssteigerung geglaubt, und noch heute gehen Regierungen, die Wirtschaft und die Gewerkschaften davon aus, daß es erstrebenswert ist, Wachstum der Wirtschaft und Wohlstandssteigerung fortzusetzen.

Die neuere Technologie hat aber jetzt eine Phase der Erschütterung eintreten lassen, weil der Mensch plötzlich zu erkennen beginnt, daß Folgen von unberechenbarer Größe und Gewalt über ihn kommen können. Aus der phänomenalen Möglichkeit, den Atomkern zu spalten und ungeahnte Energien freisetzen zu können, ist in der Bevölkerung die Angst vor ungeahnten Schrecken geworden.

Die Möglichkeit, Daten zu speichern und jederzeit verfügbar zu haben, ist eine phantastische Errungenschaft, aber die furchterregende Gefahr ist auch zu erkennen, daß Menschen, ohne daß sie es wissen, überwacht und gegen ihren Willen verfügbar gemacht werden, wogegen die Herrschaft früherer Diktatoren sich vergleichsweise harmlos ausmacht.

Wir haben aus der Vorstellung „Familienplanung" und „Selbstbestimmung" ein Instrument entwickelt, das in seiner Handhabung und nach der dem Menschen nun einmal eigentümlichen Bequemlichkeit und seinem verderblichen Hang zur Verantwortungslosigkeit die Fortpflanzung menschlichen Lebens von Faktoren abhängig macht, die von Natur aus nicht vorgesehen sind.

Ein enormes Ungleichgewicht von Menschenmassen aus östlichem Bereich unseres Planeten zur dünner werdenden Besiedlung im westlichen Bereich kün-

digt sich an, und die einmal nach uns kommen, werden dieses Problem zu lösen oder unter ihm zu leiden haben. Die Perfektion auf allen Gebieten, die wir einesteils als Leistungen menschlichen Forschens und Schaffens bewundern, hat zum anderen aber nicht die erwünschte größere Freiheit gebracht, hat den Menschen nicht zu mehr Lebensglück verholfen. Ist damit das Menschenbild unserer Fortschrittsgesellschaft letzten Endes auf Selbstzerstörung angelegt?

Leben die Menschen bereits in einer Krise, die vom materiellen Wohlstand nur überdeckt wird? Befindet sich die Menschheit in einem Wandel von ungeheurem Ausmaß, einem Wandel, der die Vorstellung vom Leben radikal umwälzt?

Wie ist die Haltung der Freimaurer zu diesem menschlichen Problem?

Mögen die Zielsetzungen der Regierungen, der Wirtschaft, der Wissenschaft auch ins Gigantische gehen, die Verantwortung des Freimaurers setzt dagegen nur ganz bescheidene, aber wesentliche Wegweisung, nämlich, die Ehrfurcht vor dem Leben, vor dem Nächsten und vor dem Höchsten zu wahren.

Freimaurer haben in dem Lebenskreis, in dem der einzelne lebt und wirkt, die Verantwortung zu tragen für die Unversehrtheit der Welt und des Menschenbildes, und dieses vor allen Übergriffen menschlicher Macht zu schützen.

ROLF APPEL, geb. 1920, Verfasser zahlreicher Bücher und vieler Artikel, wurde 1948 in der Hamburger Loge „Globus" zum Freimaurer aufgenommen. Der Verleger und Redakteur bekleidete Ehrenstellungen beruflicher wie freimaurerischer Art.

DEUTSCH-DEUTSCHE REMINISZENZEN.
FREIMAURERISCHE GEDANKEN ZUR WIEDERVEREINIGUNG

ALS ICH im Februar 1990 nach Leipzig kam, war es kalt, trübe und trist. Selbst die deutschen Fahnen mit dem herausgetrennten Mittelteil hingen – passend zur Stimmung – schlaff vom Mast. Es war wieder Alltag in Leipzig.

Was hatte ich erwartet? November-Demos ohne Ende? Leuchtende Augen, aufgekrempelte Ärmel, Aufbruch an jeder Ecke?

Vielleicht gehörten solche Erwartungshaltungen zu unseren ersten deutsch-deutschen Mißverständnissen: Daß der eine begeistert in die Hände spucke und der andere freudig das Paradies aufschlösse?

Statt dessen Katerstimmung. Alles geht viel zu langsam, ist viel zu teuer, viel zu schmerzhaft. Hat der eine gedacht, die vielen kleinen geordneten Bequemlichkeiten von Miete bis Arbeitsplatz könnten bleiben und nur der Wohlstand käme dazu? Hat der andere gedacht, man könne jene ererbten, erwirtschafteten Besitzgüter und Privilegien festhalten und bekäme das größere, schönere Deutschland zum Nulltarif? Ja, so haben wir gedacht, damals, im Überschwang der Gefühle, hüben wie drüben. Patriotische Träumer sind wir gewesen.

Ich möchte diese sentimentale Phase der jungen Einheit nicht missen und leiste mir Reminiszenzen an Gefühle. So bleibt mir der erste Schritt durchs Brandenburger Tor unvergessen. Im März 1990 bekam man dort problemlos und ohne schikanösen Ansatz von ungewohnt freundlich dreinblickenden DDR-Grenzern einen Stempel in den Paß: „Brandenburger Tor". Das schien mir auf geradezu authentische Weise Ausdruck der neuen Zeit zu sein, nachdem das Brandenburger Tor so lange Symbol der Teilung gewesen war.

Ich sah den „Mauerspechten" zu, wie sie Steine verscherbelten, Orden und Uniformen. Deutscher Flohmarkt.

Unter den Linden las ich in den Gesichtern, was uns eint und noch lange getrennt hat: Trotz, Stolz, Mut, Angst, Resignation, Hoffnung.

Vor Schinkels Neuer Wache wurde noch zackig im Stechschritt gewechselt, aber die eigentliche Attraktion war schon ein Wirtschaftswunder-Prophet mit Coca Cola in Dosen. Indiz der Wende.

In der Luft hing schwer jenes Gemisch von Zweitakter und Braunkohle. Man konnte Ost und West noch riechen, damals Anfang 1990. Und so spreche ich auch mehr von einer sinnlichen Beziehung als von einer Betrachtung der Zu- und Umstände.

Damals in jenen ersten Wendetagen erlebte ich, wie die Vergangenheit begeistert überwältigt wurde. Die Bewältigung nimmt sich die Zeit, die sie braucht. Vielleicht ist es deutsch, daß eine Wende mit der Demontage von Werten, Sachen und Symbolen beginnt. Farbbeutel auf Karl Marx, Spurenbeseitigung von Grenzrelikten, Aktenvernichtung, Lebenslaufkorrektur, Straßennamenwechsel. Als wenn man damit den Hammer- und Zirkel-Sozialismus einfach abhaken könnte. Überall sichtbar blieben noch lange die mit Eifer unsichtbar gemachten, herausgekratzten, abgeschraubten, übertünchten Staatsembleme.

Ideologisch-amtlicher Wende-Akt, wie ihn Anfang 1991 auch jene Amtsdame vollzog, der ich gegenübersaß, um sächsischer Bürger zu werden. Resolut hat sie per hakender Schreibmaschine den gedruckten Briefkopf „Volkspolizei-Kreisamt" durchge-ixt und mit zwei Fingern „Einwohnermeldeamt" daruntergetippt. Schon wenige Monate danach hatte das deutsche Formularwesen (West) die deutschen Amtsstuben (Ost) vereinnahmt. Die deutsche Einheit per Brief und Siegel aller denkbaren Obrigkeiten ging schneller als der Mensch nachkommen konnte.

Nach der ersten Einigungseuphorie, als sich Ost und West so symptomatisch in den Armen lagen, und nach dem tiefen Tal der Ernüchterung, in das wir stolperten, als wieder Alltag war, hätte eigentlich die nächste Phase des Zusammenwachsens folgen müssen, etwa frei nach Tucholsky, es käme weniger darauf an, daß der Staat lebe, als vielmehr darauf, daß der Mensch lebe.

Daß der Mensch lebe ... Freimaurerischer Sinn.

Menschlichkeit, Miteinander, Hilfsbereitschaft waren freilich auch zu DDR-Zeiten elementare Werte, die unter schwierigsten Rahmenbedingungen möglicherweise enger und echter funktionierten als im Wirtschaftswunderland. Auch wenn das vielleicht nichts anderes als Ausdruck einer Not- und Schicksalsgemeinschaft gegen die allmächtige sozialistische Vereinnahmung gewesen ist. Aber sie war da. Immerhin. Trotz Bespitzelung und Denunziation. Trotz Mißtrauen und Vorsicht. Das Mißtrauen war viel größer, als dynamische Westmenschen darangingen, die Ostmenschen mit besitzergreifender Moral einzuschüchtern. Besserwessis.

Wir Freimaurer haben gesagt: Wir sind nicht so. Uns geht es nicht um Macht und Einfluß, Geld und Gut. Uns geht es allein um den Menschen und seine Würde. Und als wir in Leipzig eine Loge gründeten, erzeugten wir die Erwartungshaltung, wir Freimaurer könnten Defizite an Menschlichkeit ausgleichen. Mit den ewigen Werten unseres Bundes, mit den alten Idealen und der schönen Utopie eines besseren Miteinanders in einer besseren Welt.

So haben wir begonnen. Und fest daran geglaubt. Und voneinander gelernt.

Die Großbaustelle Freimaurerei war für uns umdenkbar auf die deutsch-deutsche Wirklichkeit, damals, in jenen Tagen, die alte freimaurerische Idee des sinnvollen Bauens von Zeit und Raum erschien uns konkret, das Symbol der Brücke zum Nächsten übersetzbar.

Ohne die Gefühlswelten der Wende hätten wir Freimaurerei wohl nicht so idealistisch erleben dürfen.

Aber, wie gesagt, inzwischen ist wieder Alltag.

JENS OBERHEIDE, geb. 1940, freischaffender Journalist, Buch- und Schulfunkautor, Fachschuldozent, Chef vom Dienst eines Lifestyle-Magazins, Sprecher eines französischen Staatskonzerns, zug. Großmeister der Großloge A. F. u. A. M. von Deutschland.

Die Herausgeber dieses Bandes haben aus dem großen Kreis deutschsprachiger Dichter und Denker des 20. Jahrhunderts – von Freimaurern und Nichtmitgliedern des Bundes – Zitate zur Freimaurerei gebracht, die aber nur einen Ausschnitt aus der Fülle entdeckter Aussagen darstellen.
Sie hoffen, keine wesentlichen Äußerungen daraus übersehen zu haben, fühlen sich aber genötigt, zum Schluß des Buches – gesammelt – noch einige Meinungsäußerungen zu bringen.

„DER LOGE IST nachzurühmen, daß sie die herrschenden rauhen Sitten läuterte und veredelte, ihren Mitgliedern gesellschaftlichen Schliff gab und sie zur Bildung von Geist, Herz und Charakter und vor allem zur Pflege der Wohltätigkeit anhielt …"

> Dr. Bernhard Beyer, Nestor freimaurerischer Forschung, Großmeister der Großloge „Zur Sonne" in Bayreuth (bis 1948).

„FREIMAUREREI WAR DAS stärkste Sozialinstitut der moralischen Welt im 18. Jahrhundert."

> Prof. Dr. Reinhard Koselleck, Historiker (in seinem Buch „Kritik und Krise", 1959).

„ES GIBT EINE weitverbreitete Brüderschaft, die Freimaurer; sie erkennen sich an einem geheimen Zeichen und sind gern bereit, Fremde, die zu ihrem Bund gehören, zuvorkommend und freundlich aufzunehmen und kräftig zu unterstützen."

> Wilhelm Busch, 1832–1908, deutscher Dichter, Maler und Zeichner („Max und Moritz") in einer humorvollen Kurzgeschichte.

„IN DER FREIMAUREREI waren die aufklärerischen Ideale von religiöser und konfessioneller Toleranz, kosmopolitischer Einstellung, Humanität und Brüderlichkeit verkörpert. Insbesondere, weil diese Prinzipien die religiösen, staatlich-nationalen und ständischen Schranken relativierten, konnte die Freimaurerei als eine Art private und konkrete Vorwegnahme auf eine ideale Wert- und Sozialordnung erfahren werden."

> Dr. Johannes Rogalla von Bieberstein, Historiker, geb. 1940 (in seinem Buch „Die These von der Verschwörung", 1976).

„DIE BRÜDER FREIMAURER wissen, daß der Mensch durch sich selbst bedroht ist. Sie haben von Anfang an an dieser Bedrohung ihre rituellen, geistigen und brüderlichen Hilfen entgegengesetzt."

> Prof. Dr. Guido Groeger, Professor für Pastoralpsychologie in Berlin.

„FREIMAUREREI IST weder Religion noch Metaphysik, weder Ethik noch Ideologie. Sie stellt vielmehr eine Lebensform dar."

Ludwig Wittgenstein (1889–1951), österreichischer Philosoph und Schriftsteller.

„DIE DULDSAMKEIT IST eine Tugend der Aufklärung, dieser großartigen, immer noch verkannten geistigen Bewegung, in der überhaupt die abendländische Gesittung zu ihrer vollen Reife gekommen ist, und in der ja auch das Freimaurertum seine bestimmte Ausprägung gefunden hat. Ja, wenn ich mir als Außenstehender ein Urteil erlauben darf, so scheint es mir ein besonderes Verdienst der Freimaurerlogen, daß sie in Zeiten der Verachtung das geistige Erbe der Aufklärung weiter gepflegt haben."

Prof. Dr. Otto Friedrich Bollnow, Philosoph, Psychologe, in einer Rede 1980.

„WIR DÜRFEN NICHT kleinmütig werden, wir dürfen in unserem Eifer nicht erlahmen, wir müssen in unserer Person jeden Tag beweisen, daß die Freimaurerei die schönste Verbindung zwischen Menschen stiftet, die einander sonst ständig fremd geblieben wären."

Prof. Dr. Klaus Horneffer, geb. 1936, Mathematikprofessor in Bremen, Großmeister der Großloge A. F. und A. M. von Deutschland.

„ICH WÜNSCHE MIR, die Ideale, wie sie auch von Freimaurern vertreten werden, wären in der Gesellschaft mehr verbreitet. Wir brauchen heute mehr Toleranz und eine humane Gesinnung, damit die Gesellschaft menschlicher wird."

Ignatz Bubis, Vorsitzender des Zentralrates der Juden in Deutschland, in einem Interview 1995.

„FREIMAUREREI IST eine untrennbare Einheit von brüderlicher Gemeinschaft, aufklärerisch-humanitärer Ideenwelt und symbolischem Werkbund."

Prof. Dr. Hans-Hermann Höhmann, geb. 1933, Volkswirt, Politologe, Mitglied zahlreicher wissenschaftlicher Gremien im In- und Ausland, Freimaurer seit 1958.

Die Deutsche Bibliothek – CIP-Einheitsaufnahme

Weisheit, Stärke, Schönheit : deutschsprachige Dichter
und Denker des 20. Jahrhunderts zur Freimaurerei /
hrsg. von Rolf Appel und Jens Oberheide.
[Mit Zeichn. von Jo Gattières]. –
Graz : Akad. Dr.- und Verl.-Anst., 1998
ISBN 3-201-01705-1

Mit Zeichnungen von Jo Gattières

Satz:
Schartmüller, Graz
Reproduktion und Druck:
Akademische Druck- u. Verlagsanstalt, Graz
Printed in Austria
ISBN 3-201-01705-1